Maria Angela Cernigliaro
Antonio Damascelli

one

Livello B1

CELI 2

Test di preparazione

CERTIFICATO DI CONOSCENZA DELLA LINGUA ITALIANA

ornimi EDITIONS

audio scaricabile
www.ornimieditions.com

Maria Angela Cernigliaro è nata a Napoli dove si è laureata in Lettere Classiche e in Storia e Filosofia. È in possesso di master in Didattica dell'italiano e sta per conseguire il dottorato in Letteratura italiana. Oggi vive ad Atene dove insegna lingua e cultura italiana presso l'Istituto italiano e presso il Centro linguistico dell'Università Capodistriaca. È autrice di manuali per l'insegnamento/ apprendimento dell'italiano a stranieri e di due romanzi. Ha, infine, esperienza pluriennale come esaminatrice Celi.

Antonio Damascelli, insegnante di madrelingua italiana, ha conseguito la Laurea in Lettere e Filosofia. Oltre alla pubblicazione di diverse opere nel campo dell'apprendimento della Lingua italiana come L2, è anche traduttore di opere letterarie pubblicate in Italia. Si occupa da anni di didattica e glottodidattica e specialmente dell'insegnamento dell'italiano come L2. È esaminatore per il conseguimento della certificazione della conoscenza della Lingua italiana, rilasciata dal Ministero della Pubblica Istruzione KPG.

Redazione: Maria Claudia Pierini, Michele Mantouvalos, Gennaro Falcone
Impaginazione e progetto grafico: ORNIMI Editions

3a ristampa: dicembre 2023
ISBN: 978- 618-84586-0-4

ORNIMI Editions
Lontou 8
10681 Atene
Tel. +30 210 3300073
www.ornimieditions.com

INDICE

INTRODUZIONE

STRUTTURA DEL LIBRO

Questo libro è composto di 10 test, del tutto simili, nella tipologia delle prove, a quelli effettivamente proposti per il conseguimento del CELI2 (Certificato che attesta la conoscenza della lingua italiana per il livello B1), rilasciato dall'Università per Stranieri di Perugia. I test sono ordinati secondo un criterio di difficoltà graduale in modo che lo studente si possa approcciare alle prove dei test senza particolari inconvenienti.
Ogni test prevede:

Prova scritta

Parte A. Prova di comprensione della lettura
Parte B. Prova di produzione di testi scritti
Parte C. Prova di comprensione dell'ascolto

Prova orale

Parte D. Prova di produzione orale

DESCRIZIONE DELLE PROVE

Prova scritta

1° fascicolo (Parte A e B)

Per la **PROVA DI COMPRENSIONE DELLA LETTURA** sono previsti:
A.1 sette brevi testi a scelta multipla a tre opzioni
A.2 un testo con dieci abbinamenti a scelta binaria
A.3 cinque completamenti a scelta multipla a quattro opzioni
A.4 un testo con dieci completamenti a tre opzioni
A.5 cinque completamenti

Per la **PROVA DI PRODUZIONE DI TESTI SCRITTI** sono previste:
B.1 completamento di un modulo o questionario su argomenti di interesse generale
B.2 scrivere o rispondere ad un annuncio (circa 50 parole)
B.3 scrivere una breve e-mail (da 90 a 100 parole), seguendo una traccia

Il tempo complessivo assegnato per la soluzione delle suddette prove, contenute nel primo fascicolo, è di 2 ore.

2° fascicolo (Parte C)

Per la **PROVA DI COMPRENSIONE DELL'ASCOLTO** sono previsti:
C.1 quattro brevi messaggi o notizie a scelta multipla a tre opzioni
C.2 quattro brevi messaggi o notizie a scelta multipla a tre opzioni
C.3 due testi per un totale di 25 abbinamenti a scelta binaria

Il tempo complessivo assegnato per la soluzione delle suddette prove, contenute nel secondo fascicolo, è di 20 minuti.

Prova orale

Per la **PROVA DI PRODUZIONE ORALE** (della durata di circa 10 minuti) sono previsti:
- una conversazione con l'esaminatore su argomenti d'interesse personale dell'esaminato, senza preventiva preparazione;
- una foto da descrivere, utilizzata come spunto di conversazione;
- un compito comunicativo come spunto per lo sviluppo di una role play situation.

Attenzione:
Il materiale (foto e compito comunicativo) viene consegnato al candidato circa dieci minuti prima dell'inizio della prova.

PUNTEGGI DELLE PROVE

Prova scritta

1° fascicolo
A. Prova di comprensione della lettura

Il punteggio ottenuto è riportato su un punteggio complessivo di **40 punti**	Rilevanza della prova: **25%** (su un totale di 120 punti)

A.1	2 **punti** per ogni risposta corretta 0 **punti** per l'astensione o per ogni risposta errata
A.2	1 **punto** per ogni risposta corretta 0 **punti** per l'astensione o per ogni risposta errata
A.3	1 **punto** per ogni risposta corretta e ben espressa 0 **punti** per l'astensione o per ogni risposta errata
A.4	1 **punto** per ogni risposta corretta 0 **punti** per l'astensione o per ogni risposta errata
A.5	1 **punto** per ogni completamento corretto 0 **punti** per l'astensione o per ogni completamento errato

B. Prova di produzione scritta

Il punteggio ottenuto è riportato su un punteggio complessivo di **40 punti**	Rilevanza della prova: **25%** (su un totale di 120 punti)

B.1	Da **0 a 5 punti** (1/2 punto per ogni risposta completa e ben formulata)
B.2	Da **0 a 15 punti** secondo le seguenti 4 scale di competenze: a. competenza lessicale (scala da 0 a 3) b. competenza morfologica e sintattica (scala da 0 a 3) c. competenza socioculturale (scala da 0 a 5) d. coerenza (scala da 1 a 4)
B.3	Da **0 a 20 punti** secondo le seguenti 4 scale di competenze: a. competenza lessicale (scala da 1 a 5) b. competenza morfologica e sintattica (scala da 1 a 5) c. competenza socio-culturale (scala da 0 a 5) d. coerenza (scala da 0 a 5)

2° fascicolo
C. Prova di comprensione dell'ascolto

Il punteggio ottenuto è riportato su un punteggio complessivo di **40 punti**	Rilevanza della prova: **25%** (su un totale di 120 punti)

C.1	2 **punti** per ogni risposta corretta 0 **punti** per l'astensione o per ogni risposta errata
C.2	2 **punti** per ogni risposta corretta 0 **punti** per l'astensione o per ogni risposta errata
C.3	1 **punto** per ogni risposta corretta 0 **punti** per l'astensione o per ogni risposta errata

Prova orale

Il punteggio ottenuto viene moltiplicato per 2. Il punteggio complessivo è di **40 punti**	Rilevanza della prova: **25%** (su un totale di 40 punti)

Da **0 a 20 punti**, secondo le seguenti scale di competenze:

- Competenza lessicale le seguenti (scala da 1 a 5)
- Competenza morfo-sintattica (scala da 1 a 5)
- Competenza socio-culturale (scala da 1 a 5)
- Pronuncia e intonazione (scala da 1 a 5)

PUNTEGGIO MASSIMO E MINIMO

Punteggio della prova scritta:	120 punti
Punteggio della prova orale:	40 punti
Punteggio complessivo:	160 punti

Attenzione3

Per superare l'esame del CELI 2 (B1) è necessario ottenere un minimo di:

72 punti per la prova scritta;

22 per la prova orale.

IL RISULTATO FINALE

Si ottiene sommando il punteggio della Prova scritta e della Prova orale e viene espresso secondo una scala che prevede 5 gradi: A, B, C, D, E.

Le lettere dell'alfabeto servono ad indicare il punteggio complessivo ottenuto:
A = ottimo [punteggio compreso tra 138 e 160 punti]
B = buono [punteggio compreso tra 115 e 137 punti]
C = sufficiente [punteggio compreso tra 94 e 114 punti]
D = insufficiente [punteggio compreso tra 60 e 93 punti]
E = gravemente insufficiente [punteggio compreso tra 0 e 59 punti]

LA CAPITALIZZAZIONE

I candidati che non abbiano ottenuto il punteggio minimo indicato per la Prova scritta e che abbiano, invece, superato la Prova orale o viceversa possono **capitalizzare**, cioè mantenere il risultato della parte superata, per **un anno**, durante il quale potranno ripetere la prova il cui risultato era insufficiente.

Non resta che augurare ai candidati un cordiale IN BOCCA AL LUPO!

Gli Autori

2 ORE

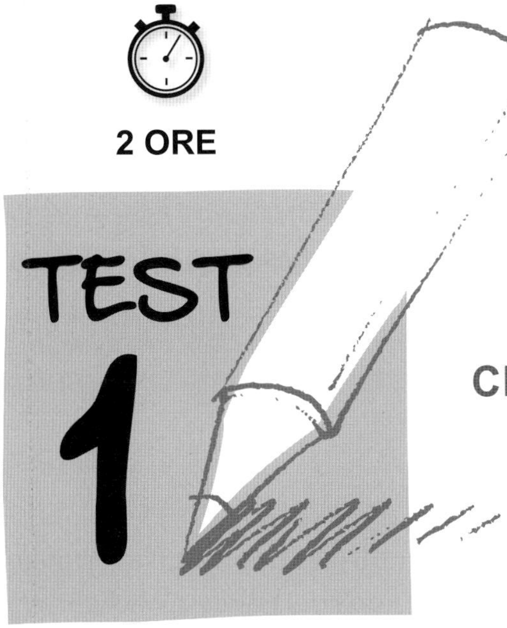

CELI 2

CERTIFICATO DI CONOSCENZA DELLA LINGUA ITALIANA

Livello B1

A **Prova di Comprensione della Lettura** *(40 punti)*

B **Prova di Produzione di Testi Scritti** *(40 punti)*

Nome e Cognome dello studente

____

____

Data

____

____

A. PROVA DI COMPRENSIONE DELLA LETTURA

A.1 **Legga i testi. Indichi con X la lettera a, b o c corrispondente all'affermazione o alla risposta esatta tra le tre proposte.**

1. È partito il nuovo tour di Marco Mengoni che ha aperto a Milano il suo "L'Essenziale anteprima tour". Davanti al pubblico, che ha riempito il Teatro degli Arcimboldi, Mengoni ha allargato il concerto ad una lista di ventiquattro brani in totale. Durante il concerto Mengoni parla con il pubblico e non si stanca di ringraziare i suoi fan che lo seguono dovunque.

   Marco Mengoni
   a. ha fatto un concerto in tv.
   b. ha fatto molti tour per stare insieme ai suoi fan.
   c. ha cantato in un teatro a Milano.

2. L'Orchestra filarmonica di Bruxelles è la prima orchestra al mondo che utilizza i tablet invece degli spartiti musicali su fogli di carta. Sotto la direzione del francese Michel Tabachnik i 92 orchestranti hanno suonato il Bolero di Maurice Ravel e le opere di Richard Wagner - le note erano riprodotte sulle tavolette Samsungs Galaxy Note 10.1 da 16 GB. Qualche incertezza iniziale c'è stata: i musicisti devono infatti abituarsi a girare la pagina virtuale, facendo scorrere le dita sullo schermo.

   L'Orchestra Filarmonica di Bruxelles è stata la prima orchestra al mondo
   a. ad eliminare gli spartiti di carta.
   b. a usare degli spartiti musicali.
   c. ad avere difficoltà a girare la pagina del tablet.

3. C'è un'attività fisica semplice, che non richiede grandi sforzi o fatica, che tuttavia può fare una gran differenza nel mantenere la salute e proteggere dal rischio di malattie come il diabete o quelle dell'apparato cardiovascolare: è la passeggiata. Fa bene a tutti, grandi e piccini, uomini e donne. Per le donne in particolare, poi, un nuovo studio suggerisce che per mantenersi in forma, in salute e garantirsi una vecchiaia serena bisognerebbe compiere almeno 6.000 passi al giorno.

   Nel testo si parla
   a. di come le donne possono dimagrire.
   b. dell'importanza di praticare uno sport.
   c. di come la passeggiata possa prevenire alcune malattie.

4. Domenico F., uno studente di medicina di 21 anni, è rimasto ferito in un incidente stradale sulla statale 106 Jonica, nei pressi di Corigliano Calabro. Quando il padre ha saputo la notizia dell'incidente ha avuto un malore. Il ventunenne era in sella ad una moto che, per cause

ancora in corso di accertamento, si è scontrata con una Peugeot 206. Sul posto sono intervenuti gli agenti della polizia stradale. L'incidente ha provocato disagi alla circolazione.

Domenico ha avuto un incidente

a. a causa di un malore.
b. ma non si conoscono ancora le cause.
c. mentre era sulla sua Peugeot 206.

5. Per i pediatri italiani non ci sono dubbi: è Biemonte nel Biellese, con i suoi 1500 metri di altezza, affacciati direttamente sulla pianura padana, 18 Km di piste da fondo, una delle stazioni sciistiche più adatte alle famiglie con bambini. Prezzi agevolati.

La stazione Bielmonte è la meta preferita da chi

a. ha bisogno di tranquillità.
b. ha una famiglia con figli.
c. è stanco di andare al mare.

6. Giorgia, Paola e Isabella sono tre ragazze che amano molto la moda. Quale delle tre ragazze ha deciso di non buttare più via i suoi soldi?

1. Giorgia

Alla moda non si resiste! Se vedo qualcosa che mi piace, alla fine la compro, anche se poi mi lamento che i soldi volano. Non posso farci niente. Penso: se non la prendo, la perdo e allora entro nel negozio e via… Alla fine mi sento in colpa verso i miei genitori perché loro mi aiutano a pagare il conto, visto che non ho neppure un lavoro fisso.

2. Paola

Io sono una spendacciona... ahimè! Ogni volta dico che smetto, poi non so resistere, ma questo mese ho avuto molte spese, tra assicurazione, bollo, bollette non posso proprio toccare un centesimo dai miei risparmi! La mia rovina è la carta di credito, col fatto che paghi anche dopo 60 giorni sembra un miracolo. Ma ora basta! Giuro che cambierò.

3. Isabella

Io ho un buon lavoro e uno stipendio che è davvero ottimo. Dico sempre che è un peccato buttare tanti soldi guadagnati con il lavoro. Dico che mi devo regolare e, invece, poi via con le spese di vestiti, scarpe, borse, trucchi! Ho talmente tanta roba che non so più dove metterla. Ma si vive una volta sola!

a. Giorgia che è indicata con il numero 1.
b. Paola che è indicata con il numero 2.
c. Isabella che è indicata con il numero 3.

7. Oggi, l'intera linea della metropolitana B1 e gran parte della linea B di Roma (da Garbatella a Quintiliani) sono rimaste fuori servizio per poco meno di un'ora, a causa di un inconveniente tecnico. Inevitabile il caos in città con ripercussioni sul traffico e sui trasporti in autobus. Secondo le prime notizie lo stop sarebbe dovuto ad un guasto della linea elettrica. L'intera linea B è stata riattivata, ma ancora con pesanti ritardi.

A Roma oggi

a. la linea della metropolitana non ha funzionato per circa un'ora.
b. c'era un traffico terribile a causa di un guasto ad un autobus.
c. chi ha preso la linea B è arrivato in ritardo al lavoro.

A.2 **Legga il testo. Indichi, nel foglio delle risposte, le affermazioni presenti nel testo, con una X nei ☐.**

Una sola dipendenza

Inizio partendo dal fatto che nella mia vita non ho mai avuto nessuna dipendenza e so che potrei fare a meno di tante cose... internet compreso.
Ho una sola dipendenza ed è quella da sigaretta. Una dipendenza forte che vorrei però superare e lo voglio con tutta me stessa. Vorrei smettere ma non ci riesco. Le ho provate tutte e le motivazioni che mi do per smettere sono forti ma vince sempre questa dipendenza. Fumo dall'età di 13 anni e non ho smesso mai. Fra le altre cose di recente ho tre motivi in più per smettere di fumare e sono: quello della salute, quello economico e il desiderio di riprendere gli studi. Siccome in casa lavora solo mio marito e non ce la facciamo ad arrivare alla fine del mese, devo scegliere: riprendere gli studi o fumare? Ma tutti questi bei discorsi non servono a nulla... Fumo, fumo e fumo! Non so più come fare. Aiutatemi.

Enrica

8. Enrica soffre della sua dipendenza.
9. Tra le sue dipendenze c'è anche quella di fumare.
10. Ma non vuole cambiare niente di se stessa.
11. Desidererebbe non dipendere dal fumo, ma per lei non è facile smettere.
12. Ha iniziato a fumare quando aveva tredici anni.
13. Ha già provato a smettere varie volte, ma inutilmente.
14. Enrica è una donna che ha una grande forza di volontà.
15. Ha delle buone ragioni per smettere di fumare.
16. Enrica deve fare una scelta importante.
17. Enrica vuole spendere i suoi soldi per comprare tanti pacchetti di sigarette.

A.3 Completi le frasi scegliendo la parola opportuna tra le quattro proposte.

18. Riconoscerai sicuramente Carlo ________________ avrai guardato più attentamente la fotografia.

a. mentre **b.** anche se **c.** dopo che **d.** allora

19. Non posso studiare ________________ non riesco a concentrarmi.

a. anche **b.** perché **c.** perciò **d.** senza che

20. Maria ci ha detto che aveva dormito molte ore ________________ aveva ancora sonno.

a. come **b.** quindi **c.** tuttavia **d.** nonostante

21. Vi comunicheremo i risultati degli esami ________________ avremo notizie più precise.

a. finché **b.** allora **c.** quando **d.** perciò

22. Franco scriveva una email ________________ sua moglie preparava la cena.

a. benché **b.** mentre **c.** perciò **d.** affinché

A.4 Completi il testo scegliendo la parola opportuna tra le tre sottostanti.

Lettera al direttore

Gentile Direttore,
siamo alunne dell'Istituto superiore d'istruzione di Paranà (provincia di Entre Rios, Argentina), dipartimento d'italiano e (**23**) ________________ scriviamo perché forse potrebbe aiutarci a (**24**) ________________ un problema. Purtroppo (**25**) ________________ nostro Paese anche se ci sono molte (**26**) ________________ interessate allo studio della vostra bella lingua, non è facile migliorare il (**27**) ________________ livello linguistico (**28**) ________________ il materiale didattico è (**29**) ________________ e disponiamo solo di vecchi libri (**30**) ________________ sarebbe utile, pertanto, ricevere (**31**) ________________ riviste, carte geografiche, libri, manuali di grammatica, eccetera.
Saremmo infinitamente grate a (**32**) ________________ che ci spediranno del materiale. Grazie.
Cordialmente
Stella Andolfo e Alice Nani

23.	**a.** Gli	**b.** Le	**c.** La
24.	**a.** risolvere	**b.** sciogliere	**c.** solvere
25.	**a.** al	**b** nel	**c.** in
26.	**a.** gente	**b.** persone	**c.** studenti
27.	**a.** loro	**b.** vostro	**c.** nostro
28.	**a.** poiché	**b.** nonostante	**c.** affinché
29.	**a.** abbondante	**b.** insufficiente	**c.** soddisfacente
30.	**a.** vi	**b.** noi	**c.** ci
31.	**a.** alcune	**b.** dei	**c.** ogni
32.	**a.** tutti	**b.** coloro	**c.** loro

A.5 Completi le frasi con i pronomi opportuni.

33. Ho portato la macchina dal meccanico; lui ________________ ridarà fra due giorni.
34. Franco ha risposto alla email che una sua amica ________________ aveva spedito.
35. Ho raccontato una barzelletta a Lucia, ma lei non ________________ ha capita.
36. Quei giovani sono entrati in un negozio per comprare dei cd; ________________ hanno preso uno di Ramazzotti.
37. Avete prestato dei libri a Mario, ma lui non ________________ restituirà mai.

B. PROVA DI PRODUZIONE DI TESTI SCRITTI

B.1 **Partecipi al concorso "in sella!". Compili la scheda e potrà vincere una bicicletta.**

1. Qual è il mezzo di trasporto che preferisce?

____

____

2. Usa la bicicletta per i Suoi spostamenti quotidiani?

____

____

3. Se sì perché, se no perché?

____

____

4. Dove ha acquistato o acquisterebbe una bicicletta (nome e indirizzo del negozio)?

____

____

5. In quale occasione pensa che una persona possa usare la bicicletta?

____

____

6. Ritiene che una persona che usa la bici sia più sana di quella che usa altri mezzi di spostamento?

____

____

7. Ritiene che nella Sua città ci siano sufficienti piste ciclabili?

____

____

8. È iscritto/a a qualche club ciclistico oppure intende iscriversi?

____

____

9. Pensa che sia costoso acquistare una bici?

____

____

B.2 **Scriva un annuncio.** (Usi circa 50 parole)

Lei ha trovato un cane randagio. Siccome deve ritornare nel suo Paese e non può portarlo con sé, ha deciso di regalarlo. Scrive allora un annuncio su un giornale italiano.

Nell'annuncio

- fa una breve descrizione del cane;
- spiega che lo regalerà solo ad una persona amante degli animali che abbia un giardino o un balcone;
- dà indicazioni per offrire la possibilità di mettersi in contatto con Lei.

B.3 **Scriva una e-mail.**

Durante un Suo viaggio in Italia ha conosciuto un/una ragazzo/a splendido/a che Le piace molto. Vuole corrispondere con lui/lei per non perdere i contatti.

Scrive allora una e-mail per

- comunicargli/le che è ritornato/a nel Suo paese, ma sente la nostalgia di lui/lei e dell'Italia;
- se gli/le piace la foto allegata che avevate fatto l'ultimo giorno prima della Sua partenza;
- invitarlo/a per le prossime vacanze nel Suo paese.

(Da un minimo di 90 a un massimo di 100 parole)

20 MINUTI

TEST 1

CELI 2

CERTIFICATO DI CONOSCENZA DELLA LINGUA ITALIANA

Livello B1

C **Prova di Comprensione dell'Ascolto** *(40 punti)*

Nome e Cognome dello studente

Data

Traccia 1 AUDIO

C.1 **Dopo aver ascoltato i messaggi pubblicitari, segni con una X la lettera a, b o c che corrisponde all'affermazione precisa tra le tre che Le vengono proposte.**

(I testi verranno ascoltati due volte)

1. **Per il Natale dobbiamo regalare**
   a. sciarpe, calze, cravatte.
   b. oggetti utili per la cucina.
   c. qualche cosa fatta con le nostre mani.

2. **La nota ditta Palmolive fa qui la reclame a**
   a. un sapone per i piatti.
   b. una crema da barba.
   c. un sapone per il corpo.

3. **È una pubblicità per**
   a. reclamizzare un prodotto per la pelle.
   b. fare una campagna contro il razzismo.
   c. insegnare ai bambini come devono comportarsi a scuola.

4. **L'olio Sasso è di gusto**
   a. naturale e leggero.
   b. pesante e intenso.
   c. gustoso e indigesto.

Traccia 2 AUDIO

C.2 **Dopo aver ascoltato i testi, segni con una X la lettera a, b o c che corrisponde all'affermazione precisa tra le tre che Le vengono proposte.**

(I testi verranno ascoltati due volte)

5. **Secondo una statistica, un cittadino italiano in media**
   a. spende in tasse più di quanto guadagna.
   b. spende in tasse circa la metà dei suoi guadagni.
   c. guadagna meno di quanto spende per le tasse.

6. **Le bugie**
   a. possono ferire profondamente alcune persone.
   b. sono spesso necessarie per non litigare.
   c. a volte hanno per scopo il bene delle persone a cui siamo più affezionati.

7. **Da un'indagine ISTAT (Istituto di Statistica) è emerso che gli italiani parlano**
   a. sempre in italiano e mai in dialetto.
   b. solo in dialetto.
   c. più in italiano che in dialetto.

8. **Elsa Morante**
   a. ha scritto dei racconti quando era ancora una ragazzina.
   b. era una mamma perfetta.
   c. aveva una collezione della rivista il *Corriere dei piccoli.*

C.3 Ascolti i due testi.

Traccia 3 AUDIO

1° testo

Il testo è una breve intervista a Sandra Bullock. Non tutte le affermazioni da 9 a 23 sono presenti nel testo. Indichi, nel foglio delle risposte, le affermazioni presenti nel testo, con una X nei ☐.

(Il testo verrà ascoltato una volta)

9. Sandra è la moglie di un attore famoso
10. tutto quel che potevo
11. ho una bambina molto vivace
12. occuparmi della casa
13. ma è anche divertente
14. mi preoccupa molto cucinare bene
15. vedo il mondo attraverso i suoi occhi
16. non mi piace recitare
17. cose che in realtà non contano
18. comincio la giornata con una buona colazione
19. meglio seguire la corrente
20. preferisco andare a letto presto la sera
21. sembrare equilibrata
22. vado spesso in giro per i negozi
23. compro scarpe e gioielli

Traccia 4 AUDIO

2° testo

Il testo tratta delle letture che si fanno in vacanza. Non tutte le affermazioni da 24 fino a 33 sono presenti nel testo. Indichi, nel foglio delle risposte, le affermazioni presenti nel testo, con una X nei □.

(Il testo verrà ascoltato due volte)

24. Quando arriva l'estate, tutti corrono nelle librerie a comprare libri di lettura.

25. Molte persone in estate acquistano giornali di cronaca rosa.

26. I lettori mostrano di avere delle preferenze per la vita di alcuni vip.

27. Stefano Giacobini conferma che la sua rivista in estate vende più copie rispetto alle altre stagioni.

28. Le avventure dei vip sono particolarmente interessanti.

29. Durante l'estate le persone si rilassano perché hanno più tempo libero.

30. Leggendo si divertono ed evadono dai problemi quotidiani.

31. I vip di solito trascorrono le ferie estive a casa loro.

32. Tutti fantastichiamo guardando le immagini dei vip in vacanza.

33. Inoltre, ci conforta vedere che anche i ricchi hanno problemi.

10 MINUTI

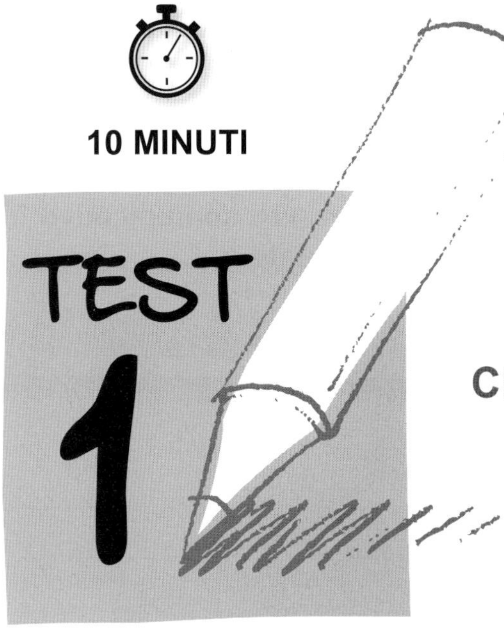

CELI 2

CERTIFICATO DI CONOSCENZA DELLA LINGUA ITALIANA

Livello B1

Prova di Produzione Orale *(40 punti)*

Lo/la studente/essa terrà una conversazione con il/la suo/a insegnante dimostrando di

A saper parlare di sé
B sapersi esprimere in alcune situazioni
C descrivere foto o illustrazioni

Nome e Cognome dello studente

____

____

Data

____

____

CELI 2

A **Lo/la studente/essa deve essere in grado di tenere una breve conversazione con il/la suo/a insegnante sugli elementi essenziali per presentarsi.**

B **Lo/la studente/essa deve svolgere il seguente compito comunicativo in una conversazione faccia a faccia con il/la suo/a insegnante.**

Lei ha mangiato in un ristorante italiano. Purtroppo nella Sua insalata ha trovato un capello. Al momento di pagare protesta perché il conto è troppo salato. (Nel conto è compreso il prezzo del capello?)

C **Lo/la studente/essa deve saper descrivere la foto e l'insegnante sollecitarlo/la nell'esposizione.**

2 ORE

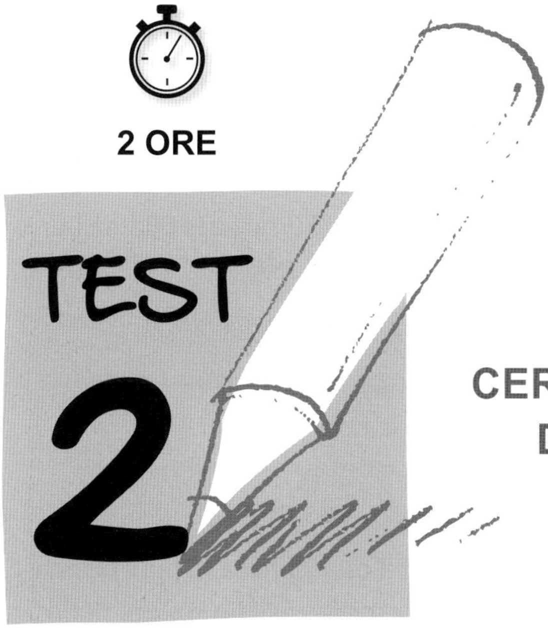

CELI 2

CERTIFICATO DI CONOSCENZA DELLA LINGUA ITALIANA

Livello B1

A	**Prova di Comprensione della Lettura**	*(40 punti)*
B	**Prova di Produzione di Testi Scritti**	*(40 punti)*

Nome e Cognome dello studente

____

____

Data

____

____

A. PROVA DI COMPRENSIONE DELLA LETTURA

A.1 Legga i testi. Indichi con una X la lettera a, b o c corrispondente all'affermazione o alla risposta esatta tra le tre proposte.

1. Addio vecchia pellicola e addio vecchio operatore stile Nuovo Cinema Paradiso: l'arrivo del digitale anche sul grande schermo, per molte attività ha significato chiusura. Il costo della trasformazione (il prezzo di un proiettore digitale è fra i 50mila e i 100mila euro) è alto, quasi impossibile per molti esercenti.

   Nell'articolo si dice che
   a. non vedremo più film sul grande schermo.
   b. c'è stata una trasformazione nei cinema.
   c. il prezzo dei nuovi film è alto.

2. L'abito da sposa è il capo più importante nella storia del guardaroba di ogni donna. Quello più desiderato e sognato. Il vestito che rimarrà per sempre nell'album dei ricordi di una vita. Ecco perché, quando ci si avvicina alla data del fatidico sì, si sfogliano riviste in largo anticipo. Ma si guarda soprattutto agli abiti realizzati per principesse e dive.

   Quando una donna si deve sposare
   a. mette l'abito da sposa nel suo guardaroba.
   b. dà grande importanza all'abito da sposa.
   c. all'ultimo minuto decide di indossare un abito qualunque.

3. Educare i bambini alla conoscenza e al rispetto dei più diffusi animali domestici. È l'obiettivo del progetto di zooantropologia didattica "Qua le zampe!" che coinvolge 280 scuole elementari in tutta Italia e che prevede un ciclo di 4 lezioni per ogni classe di seconda, terza e quarta elementare.

   "Qua le zampe!" è il nome di un progetto che riguarda
   a. informazioni utili per i bambini che frequentano la scuola elementare.
   b. regole per le famiglie che vogliono adottare un animale domestico.
   c. un programma didattico per imparare a conoscere e a rispettare gli animali domestici.

4. Pochi stranieri negli atenei italiani: solo 1 su 26 a differenza di quanto accade in altri stati Ue. In tutto 110mila e soprattutto non comunitari (Albania, Cina, Camerun, Iran). Sono attratti dagli atenei di Roma, Pisa e Firenze, anche se il record di iscrizioni va a Bologna. Le facoltà più gettonate Economia, Ingegneria e Medicina. I dati sono di European Migration Network Italia. A frenare l'accesso, in particolare, il mancato riconoscimento del titolo di studio ottenuto nel paese di origine.

In Italia

a. ci sono pochi extracomunitari.
b. ogni anno si iscrivono all'università pochi studenti.
c. la maggioranza degli studenti stranieri preferisce studiare a Bologna.

5. In vacanza osare si può. Per dare un pizzico di originalità, il motore di ricerca hotel trivago.it ha scelto dieci alberghi unici per un soggiorno indimenticabile. Nonostante il freddo, niente di più emozionante che passare una notte di ghiaccio in un Ice Hotel, come quello in Quèbec, abbandonandosi al calore di una spa e di una coperta sotto le stelle.

Con Trivago.it è possibile

a. comprare una coperta ed abbandonarsi al suo calore.
b. trascorrere vacanze in alberghi molto originali.
c. prenotare un viaggio in Quèbec.

6. Simona, Daniela e Gigliola vanno alla ricerca di un uomo ideale. Chi tra queste ragazze descrive il suo uomo ideale, ma pensa che non esista su questa terra?

1. Simona

Il mio uomo ideale è un uomo comprensivo, affettuoso, colto e ironico, capace di amare e farsi amare. Il mio uomo ideale non ama i lussi e i soldi, ma deve essere semplice e informale. Il mio uomo ideale ama la letteratura, l'arte, la musica. Insomma il mio uomo ideale non esiste su questa terra perché le brave persone, oneste, forse non esistono più. Pertanto vado a fare un biglietto, oggi andrò a cercare il mio uomo ideale su un altro pianeta... chissà.

2. Daniela

Il mio uomo ideale è maschio, deciso, indipendente, non ha bisogno di una "mamma" come compagna. Sa farmi divertire, mi rispetta come persona, mi apprezza intellettualmente, discute con me di politica e di cultura. Sa essere complice, accetta l'ironia, nell'intimità è virile e dolce, non si vergogna di ammettere gli errori e a mettersi in discussione.
È intelligente, onesto, serio, è leale con i colleghi e con gli altri. Ho dimenticato qualcosa?

3. Gigliola

Il mio uomo ideale è dolce e mi riempie di coccole, riesce a capirmi anche quando sto in silenzio. È intelligente, ha il senso dell'umorismo, ha passione per la lettura, la musica, il cinema ed è interessato a conoscere culture diverse dalla sua. È una persona che durante le discussioni parla con tranquillità, senza alzare la voce. Questa è la descrizione della persona che ho accanto in questo momento, ed ogni giorno passato insieme a lui è un giorno di gioia pura.

a. Simona che è indicata con il numero 1.
b. Daniela che è indicata con il numero 2.
c. Gigliola che è indicata con il numero 3.

7. Romeo e Giulietta sono da sempre il simbolo del vero amore. Quello eterno, che dura oltre la morte. E allora quale miglior modo di celebrare un matrimonio se non passare la prima notte di nozze nella casa dove si sono amati gli eroi di Shakespeare? Sembra che da oggi sarà possibile. Ma serviranno cinquemila euro. La proposta del Comune di Verona servirebbe per aumentare le entrate.

Il comune di Verona

a. ha pensato di fare una proposta originale a coloro che si sposano.
b. ha aperto la casa di Romeo e Giulietta ai turisti.
c. ha offerto cinquemila euro a chi entrerà in quella casa.

A.2 **Legga il testo. Indichi, nel foglio delle risposte, le affermazioni presenti nel testo, con una X nei ☐.**

Vino rosso o vino bianco?

Il vino rosso o bianco è un complemento essenziale dell'alimentazione degli italiani che, durante i pasti, sanno apprezzare un buon bicchiere. Il vino italiano bianco ha avuto successo in tutti i paesi del mondo perché è messo ad invecchiare seguendo antiche tradizioni: è sistemato in cantine senza luce o rumori, lontano da vibrazioni e cattivi odori e conservato in botti di rovere. Oggi fare collezione di vini è diventata una moda, ma soprattutto una passione: in ogni occasione gli italiani mettono in tavola un vino "adatto" a mostrare il loro buon gusto. A ogni piatto il suo vino! Ci sono, infatti, precise regole da seguire per chi vuole essere considerato un competente del settore: i vini bianchi devono accompagnare antipasti, pasta e pesce e vanno serviti freddi; i vini rossi, a temperatura ambiente, sono indicati con vari tipi di carne o cacciagione. Perfino la scienza ha assicurato che vino (assunto durante i pasti in corrette quantità), piacere e salute possono star bene insieme. E allora che aspettiamo? Cin cin! Alla salute!

8. Quando mangiano, gli italiani bevono vino.
9. Il vino è prodotto in particolari regioni italiane.
10. Il vino non sopporta gli sbalzi di temperatura.
11. Oggi molte persone fanno collezione di vini.
12. Agli italiani dà soddisfazione e prestigio saper abbinare ad ogni piatto il giusto vino.
13. Una confezione di vini è il miglior regalo per fare bella figura.
14. Non servire il vino rosso con qualunque piatto.
15. Tra un vino ed un altro bisogna bere un sorso d'acqua.
16. La scienza è a favore dell'uso, ma non dell'abuso, del vino durante i pasti.
17. Il vino si beve in particolari bicchieri.

A.3 **Completi le frasi scegliendo la parola opportuna tra le quattro proposte.**

18. Sono uscita ________________ non ho visto il programma in tv.

a. poiché **b.** appena **c.** perciò **d.** nonostante

19. Ieri, ________________ eravamo molto allegri, siamo andati a ballare.

a. siccome **b.** come **c.** se **d.** affinché

20. Maria andrà a dormire ________________ avrà studiato.

a. quindi **b.** dopo che **c.** mentre **d.** allora

21. Conoscete la lingua italiana ________________ non sapete ancora parlare bene.

a. ma **b.** quindi **c.** perché **d.** dato che

22. Gianni ha fatto una festa ________________ ha comprato una nuova casa.

a. dopo **b.** finché **c.** quando **d.** prima di

A.4 Completi il testo scegliendo la parola opportuna tra le tre sottostanti.

Lettera al direttore

Gentile Direttore,
ho appena terminato il liceo ed ho ottenuto il (**23**) ______________ di maturità. Invece di (**24**) ______________ gli studi e di frequentare l'Università, poiché conosco bene l'inglese e lo spagnolo, ho pensato di lavorare (**25**) ______________ un'agenzia turistica. Amo molto i viaggi, mi piace (**26**) ______________ in mezzo alla gente e (**27**) ______________ usi e costumi di altri (**28**) ______________. Perciò chiedo al (**29**) ______________ giornale di pubblicare questa lettera per aiutarmi ad avere indirizzi di (**30**) ______________ agenzie turistiche disposte (**31**) ______________ offrirmi un lavoro interessante. Sperando di riuscire a realizzare presto il mio sogno, (**32**) ______________ ringrazio anticipatamente per tutto quello che farà per me.

23.	**a.** licenza	**b.** diploma	**c.** laurea
24.	**a.** continuare	**b.** seguire	**c.** cominciare
25.	**a.** a	**b.** presso	**c.** di
26.	**a.** stare	**b.** sedere	**c.** trovare
27.	**a.** conoscere	**b.** sapere	**c.** fare
28.	**a.** Paesi	**b.** nazioni	**c.** città
29.	**a.** Suo	**b.** tuo	**c.** mio
30.	**a.** qualche	**b.** alcune	**c.** tutte
31.	**a.** di	**b.** da	**c.** a
32.	**a.** ci	**b.** La	**c.** gli

A.5 Completi le frasi con i pronomi opportuni.

33. Ho comprato molte riviste ma ______________ ho lette solo due.

34. Invitiamo la signora Rossi a venire al bar con ______________.

35. Carla ha visto quello spettacolo ma non ______________ è piaciuto.

36. I viaggiatori hanno chiesto al controllore a che ora arriva il treno e lui ______________ ha detto.

37. Presterò i soldi ai vostri amici a condizione che ______________ restituiranno entro la fine del mese.

B. PROVA DI PRODUZIONE DI TESTI SCRITTI

B.1 **Risponda al questionario. Per poterLe garantire un servizio in linea con le Sue aspettative, la nota collana di libri "Scrittori in tasca" La prega di compilare questo breve questionario.**

1. Dove ha acquistato questo libro?

____

____

2. Come è venuto a conoscenza di questa nuova collana (tv, libreria, edicola ecc.)?

____

____

3. Ha acquistato altri titoli della collana "Superpocket"? Se sì, quanti?

____

____

4. Ci sono molte librerie nella Sua città?

____

____

5. In quante librerie è possibile trovare dei libri stranieri? Quali?

____

____

6. Qual è il titolo del Suo libro preferito? Chi ne è l'autore?

____

____

7. Quanti libri acquista in un anno?

____

____

8. La maggior parte dei libri che acquista ha un prezzo superiore o inferiore a 20 euro?

____

____

9. Che genere di lettura preferisce (romanzi, gialli, ecc.)?

____

____

B.2 **Risponda ad un annuncio:** (Usi circa 50 parole)

Su un periodico italiano ha letto il seguente annuncio DOTTORE in medicina interessato alla natura, ai viaggi, alla psicologia, alle culture straniere, corrisponderebbe in italiano per realizzare una chiara amicizia. Nicola Cantatore, via S. Barbara 11- 00133 Roma.

Risponda all'annuncio con una lettera in cui
- si presenta brevemente;
- descrive come trascorre il tempo libero e parla dei Suoi hobby;
- chiede se è disposto a corrispondere con Lei.

B.3 **Scriva una e-mail.**

Tra alcuni giorni Lei si sposerà. Scrive una lettera ad un/un'amico/a italiano/a per invitarlo/la a partecipare al Suo matrimonio.

Nella e-mail
- comunica la data del matrimonio;
- dà notizie del/della Suo/a futuro/a coniuge;
- gli/le offre la Sua ospitalità.

(Da un minimo di 90 a un massimo di 100 parole)

20 MINUTI

TEST 2

CELI 2

CERTIFICATO DI CONOSCENZA DELLA LINGUA ITALIANA

Livello B1

C **Prova di Comprensione dell'Ascolto** *(40 punti)*

Nome e Cognome dello studente

Data

Traccia 5 AUDIO

C.1 **Dopo aver ascoltato i messaggi telefonici, segni con una X la lettera a, b o c che corrisponde all'affermazione precisa tra le tre che Le vengono proposte**

(I testi verranno ascoltati due volte)

1. **Mariella vorrebbe**
   a. discutere con Sandro del più e del meno.
   b. incontrarsi con Sandro in settimana.
   c. incontrare Sandro e parlare con lui di un tema preciso.

2. **La signora Bianchi desidererebbe**
   a. comprare una pelliccia ecologica.
   b. avere informazioni su una pelliccia ecologica che si vende.
   c. vendere una pelliccia ecologica.

3. **La voce che pronuncia il messaggio al Suo telefono appartiene**
   a. ad una persona che conosce.
   b. ad un impiegato che lavora per una società telefonica.
   c. al receptionist di un albergo.

4. **Con il messaggio lasciato alla segreteria telefonica, il Suo proprietario Le vuole comunicare**
   a. che manca o non vuole rispondere.
   b. solo che non è in casa.
   c. che Lei deve assolutamente ritelefonare.

Traccia 6 AUDIO

C.2 **Dopo aver ascoltato i testi, segni con una X la lettera a, b o c che corrisponde all'affermazione precisa tra le tre che le vengono proposte.**

(I testi verranno ascoltati due volte)

5. **La notizia riguarda un incidente avvenuto**
   a. in un ospedale.
   b. in un Luna Park.
   c. su una strada di Genova.

6. **Luca si trova**
   a. in prigione.
   b. a casa sua.
   c. in una camera d'albergo.

7. **Il multitasking di oggi**
   a. può causare malesseri e problemi di tipo psicologico.
   b. è utile per guadagnare tempo.
   c. ci permette di stare a casa e cercare distrazioni divertenti.

8. **La Ferrari sarà**
   a. regalata.
   b. venduta al miglior offerente.
   c. comprata da Roberto Rossellini.

C.3 Ascolti i due testi.

Traccia 7 AUDIO

1° testo

Il testo è un'intervista allo scrittore e attore Fabio Volo. Non tutte le affermazioni da 9 fino a 23 sono presenti nel testo. Indichi, nel foglio delle risposte, le affermazioni presenti nel testo, con una X nei ☐.

(Il testo verrà ascoltato una sola volta)

9. mi piace leggere commedie
10. ho imparato a scrivere storie divertenti
11. adoro non prendermi sul serio
12. ci siamo incontrati a Milano
13. ogni storia ha relazione con un fatto personale
14. mentre il resto non avevo nessun problema a cambiarlo
15. sono sempre io a decidere
16. il romanzo, la mia scrittura sono più 'sdolcinati'
17. assomiglia un po' a quanto succede nel film
18. mi permette di dire soltanto quello che penso
19. è importante interpretare un ruolo che ci piace
20. ho imparato l'educazione
21. sono un uomo fortunato
22. non vorrei cambiare amici
23. certamente lo sono nel lavoro

AUDIO

Traccia 8

2° testo

Il testo tratta dell'oroscopo del giorno. Non tutte le affermazioni da 24 fino a 33 sono presenti nel testo. Indichi, nel foglio delle risposte, le affermazioni presenti nel testo, con una X nei ☐.

(Il testo verrà ascoltato due volte).

24. I nati sotto il segno dell'Ariete non amano fare per molto tempo lo stesso lavoro.

25. I nati sotto il segno dei Gemelli sono sempre a caccia di novità.

26. I nati sotto il segno del Cancro non vogliono restare per tutta la vita con lo stesso compagno.

27. Loro sono istintivi, ma di umore stabile.

28. I nati sotto il segno del Leone desiderano mostrare agli altri di avere tante capacità.

29. I nati sotto il segno del Leone evitano i viaggi.

30. Loro vogliono vedere tutte le cose in ordine.

31. I nati sotto il segno del Sagittario hanno ambizioni.

32. Loro non sono disposti a legarsi in nessun modo.

33. I pesci sono sognatori e romantici.

10 MINUTI

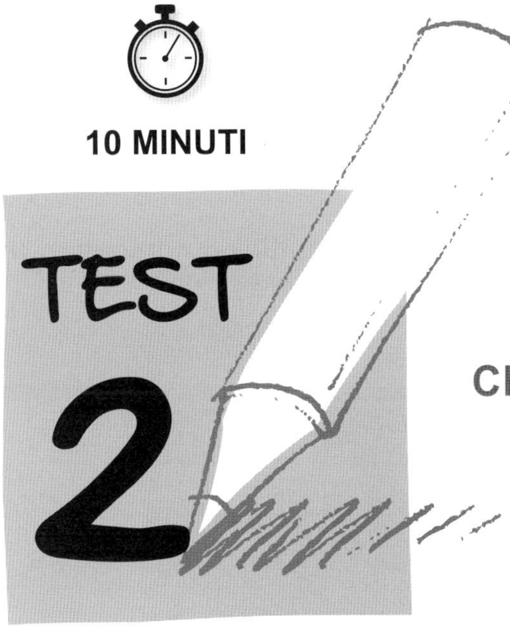

CELI 2

CERTIFICATO DI CONOSCENZA DELLA LINGUA ITALIANA

Livello B1

Prova di Produzione Orale *(40 punti)*

Lo/la studente/essa terrà una conversazione con il/la suo/a insegnante dimostrando di

A saper parlare di sé
B sapersi esprimere in alcune situazioni
C descrivere foto o illustrazioni

Nome e Cognome dello studente

Data

CELI 2

A **Lo/la studente/essa deve essere in grado di tenere una breve conversazione con il /la suo/a insegnante sugli elementi essenziali per presentarsi.**

B **La/lo studente/essa deve svolgere il seguente compito comunicativo in una conversazione faccia a faccia con il/la suo/a insegnante.**

Lei racconta ad un/un' amico/a di quella volta che si era presentato agli esami di... e, siccome non aveva studiato, ha cominciato ad inventare le risposte alle domande. Naturalmente è stato respinto/a.

C **Lo/la studente/essa deve saper descrivere la foto e l'insegnante sollecitarlo/la nell'esposizione.**

2 ORE

TEST 3

CELI 2

CERTIFICATO DI CONOSCENZA DELLA LINGUA ITALIANA

Livello B1

A **Prova di Comprensione della Lettura** *(40 punti)*

B **Prova di Produzione di Testi Scritti** *(40 punti)*

Nome e Cognome dello studente

____

____

Data

____

____

A. PROVA DI COMPRENSIONE DELLA LETTURA

A.1 Legga i testi. Indichi con una X la lettera a, b o c che corrisponde all'affermazione esatta tra le tre che Le vengono proposte.

1. Alla fine del prossimo anno ci saranno nel mondo più telefonini che terrestri. Attualmente i contratti dei cellulari sono 6 miliardi e 800 milioni ma continuano a crescere a ritmo rapidissimo. La regione con la maggior penetrazione di telefonini è l'ex-Unione Sovietica, con 1,7 cellulari per ogni abitante. L'Africa è quella che ne ha di meno, con 63 abbonamenti telefonici per ogni 100 abitanti ma anche lì la crescita è costante.

   Alla fine dell'anno i telefonini saranno

   a. in calo.
   b. in aumento.
   c. in vendita.

2. Torna Carosello su Rai1 alle ore 21.10 e, a seguire, su Radio Rai. Nelle sale cinematografiche e sul Web riprende la nuova edizione della pubblicità televisiva tanto amata dai telespettatori che ha fatto la storia della pubblicità e che ha segnato il successo e la popolarità di importanti aziende e marchi. La sigla di "Carosello Reloaded" riprende il celebre motivo che per anni ha accompagnato le serate degli italiani davanti alla tv, ed è riadattata dall'Orchestra Sinfonica Nazionale della Rai.

   Carosello

   a. è una nuova edizione di una vecchia pubblicità radiofonica.
   b. è una trasmissione musicale che accompagna le serate degli italiani.
   c. serviva per pubblicizzare prodotti di alcune aziende.

3. Finalmente si può scoprire cosa pensano davvero di noi i nostri amici online. Come? Grazie a YouTell, un sito internet che offre agli utenti la possibilità di fare domande agli amici, colleghi di lavoro o familiari presenti in rete, ricevere dei feedback, ma senza mai scoprire veramente chi sia stato il mittente di un determinato messaggio. Le domande possono essere di qualunque genere: da un parere sul nuovo cappotto all'opinione che hanno sul nostro partner o qual è il peggior difetto del nostro carattere.

   Grazie a YouTell potremo conoscere

   a. l'opinione di amici, colleghi di lavoro o familiari su qualunque argomento.
   b. gli utenti che usano questo sito.
   c. il mittente di un determinato messaggio.

4. Il MiBAC organizza il 18 maggio "La Notte dei Musei", l'evento di respiro europeo che, dalle 20.00 alle 24.00 apre gratuitamente le porte di musei ed aree archeologiche, permettendo un'emozionante ed insolita fruizione del patrimonio artistico italiano per tutti coloro che non riescono a farlo nei consueti orari di visita. Un'occasione unica anche per coinvolgere un pubblico più giovane e normalmente distante dal mondo della cultura.

Il 18 maggio

a. resteranno aperti i musei e le aree archeologiche per tutto il giorno.
b. per entrare nei musei e nelle aree archeologiche bisognerà pagare un biglietto.
c. molte persone avranno l'occasione di conoscere il patrimonio artistico italiano.

5. "Paura a bordo di un volo della compagnia Neos Air proveniente da Cuba e diretto a Milano Malpensa."A causa di un forte vuoto d'aria 45 persone sono rimaste ferite e sono state trasportate dal pronto soccorso dello scalo negli ospedali delle province di Varese e di Como per controlli. L'aereo prima di stabilizzarsi sarebbe precipitato per circa mille metri che corrispondono a circa tremila piedi. Il vuoto d'aria si è verificato quando mancavano circa 4 ore all'arrivo a Malpensa.

Un aereo della compagnia Neos Air

a. è caduto a Malpensa.
b. ha avuto un incidente mentre viaggiava da Cuba a Malpensa.
c. ha provocato la morte di alcuni passeggeri.

6. Mario, Elisa ed Anna vogliono trovare la linea ideale. Chi tra queste persone ha un problema non solo con il proprio peso, ma pure con i familiari?

1. Mario

Ciao a tutti. Ho 47 anni, sono alto 1,71 da un anno ho smesso di fumare e da allora ho messo su 8 chili che vorrei perdere. Ho controllato alcune riviste e alcuni siti, tutti dicono che dimagrire un chilo a settimana è la cosa più giusta da fare, però non riesco a fare nemmeno quello... non vedo l'ora di ritrovare la mia linea e devo farlo, ma non so come. Sono andato da un dietologo, ma la dieta non mi dà effetti. Forse è il momento di lasciare a casa la macchina e camminare un po' di più.

2. Elisa

I miei genitori mi dicono che sto bene anche così e che ci sono ragazze molto più grasse di me, per cui devo essere contenta di quello che sono, ma mi rendo conto che qualche chilo lo devo perdere. Il mio problema principale è la pancia. Riesco a nasconderla con i vestiti (anche se non rinuncerò mai alle scollature perché ho la quarta di reggiseno e non voglio nasconderla), ma quando sono al mare si vede. Il guaio è che mi piacciono i dolci.

3. Anna

A casa, non appena mi vedono mangiare un po' di più, mi dicono che sono grassa. Anche se ho preso solo un chilo mi fanno sentire un'obesa. È vero che sono alta solo 1,60 e peso 58 chili, ma il comportamento della mia famiglia è ingiustificato. Non ne posso più! Io vorrei raggiungere i 50 chili, ma me ne basterebbero anche 5 in meno. Anche a me farebbe piacere dimagrire ma non vorrei me lo facessero pesare, anche se è un'esigenza.

a. Mario che è indicato con il numero 1.
b. Elisa che è indicata con il numero 2.
c. Anna che è indicata con il numero 3.

7. Secondo recenti indagini, decine di migliaia di giovani - spesso qualificati - lasciano ogni anno l'Italia: un impoverimento per il paese. La maggioranza dei migranti sono medici, insegnanti, avvocati, architetti. La fuga dei cervelli, che non è un fenomeno esclusivamente italiano, è strettamente collegato alla crisi economica. Nello stesso momento l'Italia è meta di immigrati.

Secondo recenti indagini, la fuga riguarda in maggioranza

a. i giovani laureati.
b. gli avvocati e i medici.
c. la voglia di vivere all'estero.

A.2 **Legga il testo. Indichi, nel foglio delle risposte, le affermazioni presenti nel testo, con una X nei ☐.**

Bicicletta amore mio!

Le biciclette vanno a ruba. Nell'ultimo mese le vendite in Italia sono aumentate del 40%. Ma dal punto di vista medico il ciclismo è davvero un'attività per tutti? Lo abbiamo chiesto a Enrico Arcelli, medico dello sport, che ha così risposto: «La bicicletta fa bene a tutte le età, e contende al nuoto il ruolo di sport ideale per tutta la famiglia. Consente, inoltre, uno sviluppo armonico della muscolatura. Pedalare con una certa continuità riduce poi il rischio di infarto, di diabete e di ipertensione. Se una persona non ha mai fatto questo sport deve, però, cominciare per gradi: bisogna correre a un'intensità tale da poter riuscire a chiacchierare tranquillamente, senza fiatone. Quanto alla durata della pedalata, in linea di massima si può suggerire, a chi comincia a 40 anni, di non superare per la prima volta la mezz'ora; a chi ne ha 50 i venti minuti. Per tutti vale il consiglio di scegliere le ore più fresche della giornata e di bere spesso acqua. Un ultimo consiglio per chi comincia ora: munirsi di casco, non tanto per le cadute, quanto per il rischio di incidenti con le auto». Non ci resta altro da dire che augurarvi buon divertimento.

8. In questo periodo in Italia si vendono molte biciclette.
9. Il ciclismo è adatto ad ogni età.
10. La bicicletta è lo sport ideale per tutta la famiglia.
11. A ogni pedalata scende il tasso di colesterolo.
12. Scegliere percorsi piani.
13. Con la bicicletta non bisogna correre.
14. I cinquantenni devono pedalare meno di mezz'ora.
15. Chi pedala deve bere molta acqua.
16. Il ciclismo è uno sport che non ha bisogno di attrezzature.
17. Il casco è necessario per chi vuole praticare questo sport.

A.3 **Completi le frasi scegliendo la parola opportuna tra le quattro proposte.**

18. Siamo andati in vacanza _______________ è cominciata l'estate.

a. finché **b.** non appena **c.** mentre **d.** allora

19. Maria studia poco, _______________ supera sempre tutti gli esami.

a. comunque **b.** dopo che **c.** anche **d.** quindi

20. Ieri siete restati a casa _______________ c'era un film interessante in tv.

a. benché **b.** prima **c.** perché **d.** affinché

21. Ti presterò i soldi per comprare l'appartamento _______________ me li restituisca.

a. come **b.** a patto che **c.** perciò **d.** nonostante

22. Quel ristorante è troppo caro, _______________ Alessandro preferisce mangiare in una pizzeria.

a. dunque **b.** se **c.** tuttavia **d.** senza che

A.4 **Completi il testo scegliendo la parola opportuna tra le tre sottostanti.**

Odissea in treno

Il viaggio da Genova a Roma con un treno Frecciabianca di Trenitalia si trasforma in un'odissea per centinaia di (**23**) ________________. Il convoglio, infatti, è stato deviato per un guasto sulla linea e per ultimare il tragitto (**24**) ________________ ha messo più di 13 ore. Il convoglio doveva partire (**25**) ________________ capoluogo ligure alle 14:52 e arrivare nella capitale (**26**) ________________ alle 20:30. A causa di una interruzione alla linea elettrica fra Sarzana e Carrara, per la caduta di un palo, il treno è partito in ritardo ed ha fatto il giro da Parma, Bologna, Firenze e Pisa, con (**27**) ________________ soste. "Alle tre di notte abbiamo passato Orbetello - (**28**) ________________ all'ANSA per telefono una passeggera, Francesca Taddei, di Roma -. Prima (**29**) ________________ avevano detto che saremmo arrivati a Roma alle 22, dopo (**30**) ________________ mezzanotte, poi alle due. Poi (**31**) ________________ arrivati alle 4. Per fortuna non ci sono stati (**32**) ________________ problemi, solo una gran stanchezza".

23.	**a.** passeggeri	**b.** passanti	**c.** passeggiatori
24.	**a.** ci	**b.** ne	**c.** quasi
25.	**a.** del	**b** dal	**c.** per il
26.	**a.** circa	**b.** intorno	**c.** quasi
27.	**a.** continue	**b.** frequenti	**c.** lunghe
28.	**a.** racconta	**b.** aiuta	**c.** collabora
29.	**a.** vi	**b.** ci	**c.** gli
30.	**a.** a	**b.** alla	**c.** alle
31.	**a.** siete	**b.** abbiano	**c.** siamo
32.	**a.** qualche	**b.** altri	**c.** delle

A.5 **Completi le frasi con i pronomi opportuni.**

33. Stasera incontrerò Maria e ________________ chiederò notizie di sua zia.

34. Franco ha comprato una colonia e ________________ ha regalata a Nadia.

35. Siccome quel dolce è squisito, ________________ mangerò almeno la metà.

36. Oggi le mie sorelle spediranno una lettera a Massimo perché vogliono ringraziar ________________ della sua ospitalità.

37. Gli studenti hanno terminato gli esercizi ed il professore ________________ ha corretti.

B. PROVA DI PRODUZIONE DI TESTI SCRITTI

B.1 Risponda al questionario.

Lei è in Italia e ha deciso di andare in un Istituto linguistico per chiedere informazioni sui corsi d'italiano che è possibile frequentare. Insieme alla domanda d'iscrizione, Le hanno consegnato un questionario per conoscere quali sono esattamente le Sue esigenze.

1. Livello del corso richiesto?

____

____

2. Per quale motivo chiede di frequentare il corso (lingua, diploma, ecc.)?

____

____

3. Di quali attività linguistiche crede di avere più bisogno (ascoltare, leggere, ecc.)?

____

____

4. È già stato iscritto nel Suo paese a qualche corso d'italiano? Se sì, in quale/i anno/i?

____

____

5. Con quale sistema didattico preferisce imparare le lingue (leggendo o ascoltando, ecc.)?

____

____

6. Preferisce discutere dei Suoi errori individualmente o collettivamente?

____

____

7. Qual è per Lei la lezione più importante (grammatica, conversazione, ecc.)?

____

____

8. Quali argomenti della vita italiana Le piacerebbe trattare (temi generali, aspetti della cultura, ecc.)?

____

____

9. Intende insegnare l'italiano nel Suo paese?

____

____

B.2 **Risponda ad un annuncio.** (Usi circa 50 parole)

Su un periodico italiano ha letto il seguente annuncio:
PER LE MIE COLLEZIONI cerco cartoline, schede telefoniche e francobolli da tutto il mondo. Offro in cambio altre cartoline e schede italiane. Risposta assicurata. ant_iello@retegio.net

Risponda all'annuncio con un'email in cui
- dà informazioni sulla Sua collezione di francobolli;
- dichiara che sarebbe disposto a scambiare i francobolli anche con schede telefoniche;
- fornisce le informazioni necessarie per mettersi in contatto con Lei.

B.3 **Scriva una e-mail.**

Su una rivista ha letto che in Italia è stata lanciata una proposta: aprire le sale cinematografiche anche il sabato e la domenica mattina, con prezzi particolari.

Decide di scrivere una e-mail al direttore del periodico per
- congratularsi con lui di questa proposta che trova molto intelligente;
- esprimere il Suo amore per il cinema;
- spiegare i motivi della Sua adesione alla proposta.

(Da un minimo di 90 a un massimo di 100 parole)

20 MINUTI

TEST 3

CELI 2

CERTIFICATO DI CONOSCENZA DELLA LINGUA ITALIANA

Livello B1

C Prova di Comprensione dell'Ascolto *(40 punti)*

Nome e Cognome dello studente

Data

Traccia 9 AUDIO

C.1 **Dopo aver ascoltato i messaggi pubblicitari, segni con una X la lettera a, b o c che corrisponde all'affermazione precisa tra le tre che Le vengono proposte.**

(I testi verranno ascoltati due volte)

1. **Bisogna mangiare la pasta Barilla perché**
   a. è un piatto facile da preparare.
   b. è solo buona.
   c. è buona e fa bene.

2. **Chi acquista un biglietto di Rosso e Nero può**
   a. vincere molti viaggi.
   b. dormire tranquillo.
   c. vincere premi e denaro.

3. **La birra Peroni è nata**
   a. più di cinquanta anni fa.
   b. poco tempo fa.
   c. circa duecento anni fa.

4. **Kalo è un prodotto per chi**
   a. vuole dimagrire.
   b. ha problemi di salute.
   c. non digerisce facilmente.

Traccia 10 AUDIO

C.2 **Dopo aver ascoltato i testi, segni con una X la lettera a, b o c che corrisponde all'affermazione precisa tra le tre che le vengono proposte.**

(I testi verranno ascoltati due volte)

5. **L'assessore del Lazio ha annunciato che**
   a. il riciclo dei rifiuti nella Regione è impossibile da attuare per i prossimi tre anni.
   b. ci sono finalmente i fondi per la raccolta differenziata.
   c. a Roma, a differenza delle altre Regioni, c'era già un sistema per risolvere il problema dei rifiuti.

6. **La situazione dei mari italiani quest'anno rispetto al passato è**
   a. migliore.
   b. peggiore.
   c. uguale.

7. **Secondo l'associazione Slow Food**
   a. molti pescatori ordinano il pesce in Internet.
   b. solo in alcune pescherie il pesce è fresco.
   c. ci sono dei rivenditori di pesce disonesti.

8. **Per gli adolescenti**
   a. è pericoloso fare delle conoscenze in Internet.
   b. è pericoloso stare davanti al computer con i loro coetanei per oltre tre ore.
   c. è rischioso navigare in Internet per oltre tre ore al giorno.

C.3 Ascolti i due testi.

AUDIO

Traccia 11

1° testo

Il testo è un'intervista ad un famoso atleta italiano. Non tutte le affermazioni da 9 fino a 23 sono presenti nel testo. Indichi, nel foglio delle risposte, le affermazioni presenti nel testo, con una X nei ☐.

(Il testo verrà ascoltato una volta)

9. ho una grande passione per il nuoto
10. mi sono allenato 5-6 ore al giorno
11. ho avuto gravi infortuni
12. merito di un duro lavoro
13. solo l'allenamento non basta
14. la mia carriera è più importante di tutto
15. bisogna allenare il corpo e la mente
16. in quell'occasione la mia forma fisica era ai massimi livelli
17. i giovani preferiscono fare sport in palestra
18. bisogna partire dalla scuola
19. lo sport qualche volta è inutile
20. gli studenti devono studiare
21. l'uno sostiene l'altro per costruire il futuro dei giovani
22. mi piacerebbe fare l'attore
23. credo che un solo film per la mia vita non basterebbe.

Traccia 12 AUDIO

2° testo

Il testo parla di "un mezzo" buono per capire la nostra storia. Non tutte le affermazioni da 24 fino a 33 sono presenti nel testo. Indichi, nel foglio delle risposte, le affermazioni presenti nel testo, con una X nei ☐.

(Il testo verrà ascoltato due volte)

24. È facile viaggiare nel tempo.

25. Rambo è una grande città vicino a Milano.

26. Il museo si chiama Ogliari come il suo ideatore.

27. I milanesi sono particolarmente orgogliosi di questo museo.

28. Nel museo sono esposti i mezzi di trasporto degli ultimi 200 anni.

29. La passeggiata nel museo è lunga e faticosa.

30. Nel museo possiamo ammirare oggetti rari e di grande valore.

31. Questi oggetti richiedono grandi cure.

32. Il visitatore può fare un viaggio tra i mezzi di trasporto, dal cavallo al metrò.

33. Il professore stesso fa da guida ai visitatori.

10 MINUTI

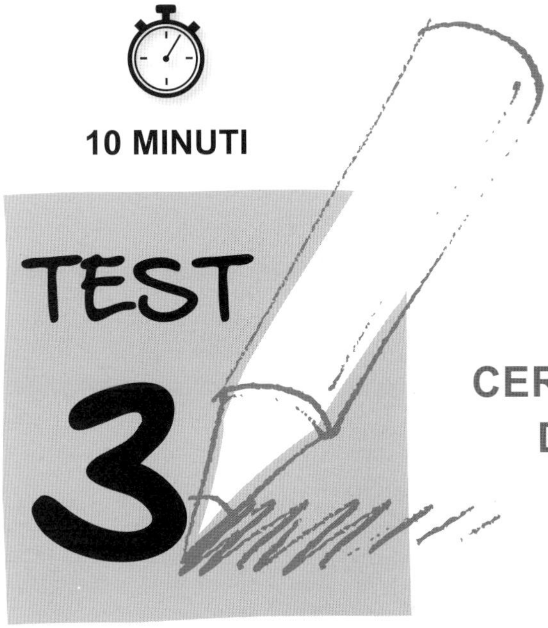

CELI 2

CERTIFICATO DI CONOSCENZA DELLA LINGUA ITALIANA

Livello B1

Prova di Produzione Orale *(40 punti)*

Lo/la studente/essa terrà una conversazione con il/la suo/a insegnante dimostrando di

A saper parlare di sé
B sapersi esprimere in alcune situazioni
C descrivere foto o illustrazioni

Nome e Cognome dello studente

____

____

Data

____

____

A **Lo/la studente/essa deve essere in grado di tenere una breve conversazione con il/la suo/a insegnante sugli elementi essenziali per presentarsi.**

B **Lo/la studente/essa deve svolgere il seguente compito comunicativo in una conversazione faccia a faccia con il/la suo/a insegnante.**

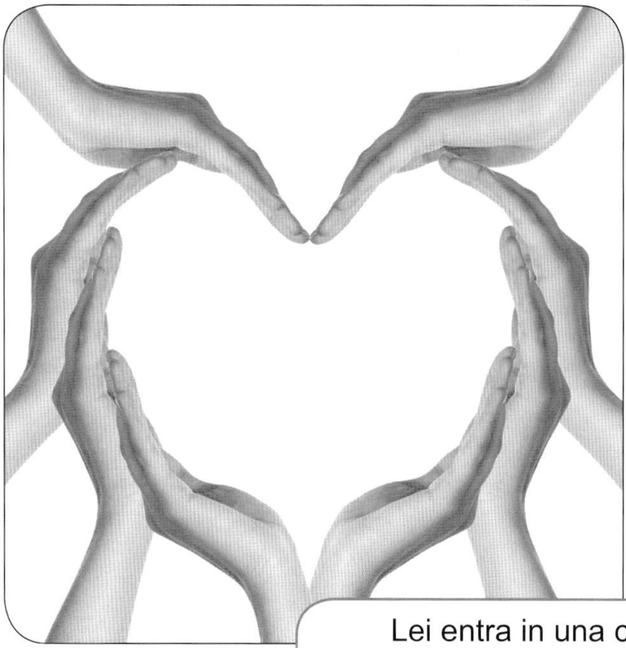

Lei entra in una cartoleria per comprare un poster molto particolare. Il commesso Le mostra quello della fotografia. Siccome è proprio quello che Lei cercava, ne chiede il prezzo, se c'è anche di più piccole dimensioni, se è possibile incorniciarlo, il tipo di cornice di cui dispone, ecc.

C **Lo/la studente/essa deve saper descrivere la foto e l'insegnante sollecitarlo/la nell'esposizione.**

2 ORE

TEST 4

CELI 2

CERTIFICATO DI CONOSCENZA DELLA LINGUA ITALIANA

Livello B1

A **Prova di Comprensione della Lettura** *(40 punti)*

B **Prova di Produzione di Testi Scritti** *(40 punti)*

Nome e Cognome dello studente

____

____

Data

____

____

A. PROVA DI COMPRENSIONE DELLA LETTURA

A.1 Legga i testi. Indichi con X la lettera a, b o c corrispondente all'affermazione o alla risposta esatta tra le tre proposte.

1. "Fai bei sogni" di Massimo Gramellini è la storia di un bambino, e poi di un adulto, che imparerà ad affrontare il dolore più grande: la perdita della mamma. "Fai bei sogni" è dedicato a quelli che nella vita hanno perso qualcosa. Un amore, un lavoro, un tesoro. E rifiutandosi di accettare la realtà, finiscono per smarrire se stessi. Come il protagonista di questo romanzo. Una storia raccontata con passione e delicata ironia.

   "Fai bei sogni"
   a. è la storia di un adolescente che ha un grave problema.
   b. è un libro sulla storia dei sogni.
   c. è un romanzo di uno scrittore che ha sofferto molto.

2. Cagliari da oggi è decisamente una città più amica degli animali. Il Comune ha approvato un nuovo regolamento sui cani. I cani potranno andare anche in autobus, a patto che abbiano guinzaglio e museruola. Potranno accedere ai negozi, tranne in quelli dove gli esercenti riterranno che alcune razze siano pericolose. Sarà vietato abbandonare i cani in tutto il territorio comunale, e chi non avrà cura del proprio animale, lasciandolo al sole o senza acqua, rischia multe salatissime che vanno dai 300 ai 750 euro. I quattrozampe potranno accedere nei parchi e nei giardini, tenuti al guinzaglio.

   A Cagliari un nuovo regolamento
   a. vieta alle persone di avere un animale quattrozampe in casa.
   b. permette ai padroni di portare i loro cani dovunque senza limiti e restrizioni.
   c. consente ai cani di vivere meglio.

3. Circa 300 mila giocattoli tossici, provenienti dalla Cina, sono stati sequestrati in tutta Italia dalla Guardia di Finanza di Macerata, dopo alcuni controlli in alcuni negozi della provincia di Macerata. Dopo gli accertamenti tecnici e le analisi chimiche, i giochi sono risultati contenere sostanze utilizzate per rendere la gomma più morbida e flessibile, ma che causano malformazioni nella crescita dei bambini.

   L'argomento del testo riguarda
   a. la vendita in alcuni negozi italiani di 300 mila giocattoli pericolosi.
   b. l'esportazione di alcuni giocattoli italiani in Cina.
   c. i giocattoli preferiti dai bambini italiani.

4. Un uomo di 37 anni, è stato arrestato a Palermo dai carabinieri con l'accusa di coltivazione e detenzione di droga. I militari hanno compiuto una perquisizione nel magazzino dove

lavorava e hanno trovato 19 piante di marijuana ed un contenitore di plastica con 13 grammi dello stesso stupefacente. L'arresto è avvenuto durante un ordinario controllo.

Un uomo è stato arrestato dai carabinieri perché

a. faceva uso ogni giorno di 13 grammi marijuana.
b. coltivava e teneva piantine di marijuana nel magazzino dove lavorava.
c. spacciava marijuana a Palermo.

5. Maltempo in Italia. Piogge e temporali coinvolgeranno in particolare Sicilia, Calabria, Basilicata e Puglia. Ancora disagi nella Capitale per allagamenti, ma il livello del Tevere è in discesa. Numerosi i danni alle abitazioni.

Il maltempo colpirà soprattutto

a. tutta l'Italia.
b. alcune regioni dell'Italia del Nord.
c. l'Italia centrale e meridionale.

6. Piero e Anna vogliono trascorrere le vacanze in un'isola che sia molto particolare per il colore della sabbia della spiaggia. Quale di queste isole greche gli consiglieresti di visitare?

1. Santorini

È l'isola greca per eccellenza; di origine vulcanica, la tradizione vuole che il tramonto che si può ammirare in quest'isola sia il più bello del mondo. Thira, il capoluogo, si trova ad un'altezza di duecento metri sul livello del mare, e offre un panorama unico: le caratteristiche case bianche, le spiagge di sabbia nera, un mare splendido. Insomma, a Santorini, almeno una volta nella vita, bisogna andarci.

2. Mykonos

Qui si può arrivare con voli diretti, anche dall'Italia. È l'isola più cara delle Cicladi, ma non ci sono molte spiagge libere. Negli anni Mykonos è diventata una delle mete estive per antonomasia. È adatta per chi cerca soprattut-to una vita notturna fatta di discoteche e locali aperti fino all'alba. Molto caratteristico il villaggio principale, Chora, con i suoi stretti vicoli.

3. Rodi

Questa è la più grande isola dell'arcipelago del Dodecanneso. Hotel a più piani delineano le linee costiere a nord e a est. Piccoli villaggi e resort punteggiano le altre coste dell'isola. Le strutture sono moderne e il mare è uno spettacolo, come quasi ovunque in Grecia. Consigliata per chi vuole divertimento, spiagge e anche un po' di turismo culturale.

a. L'isola indicata con il numero 1.
b. L'isola indicata con il numero 2.
c. L'isola indicata con il numero 3.

7. Ignorato da una ragazza conosciuta su facebook e della quale si era invaghito, un diciassettenne, di nome Francesco, ha deciso di vendicarsi. Si è creato un altro falso profilo e ha pubblicato dei post pesantemente offensivi per la ragazza. Le indagini della polizia sono cominciate quando la madre della ragazza ha sporto denuncia dopo avere saputo delle offese.

Francesco, per vendicarsi di essere stato ignorato da una ragazza conosciuta in FB, ha deciso di

a. denunciarla perché lo aveva offeso.
b. insultarla senza farsi riconoscere.
c. di corteggiarla dicendole paroline dolci.

A.2 Legga il testo. Indichi, nel foglio delle risposte, le affermazioni presenti nel testo, con una X nei ☐.

Sul tram viaggerà anche la biblioteca

TORINO. Un tram come veicolo di cultura. Proprio così: fra poco più di due mesi, Torino sarà la prima città d'Europa a offrire agli utenti dei suoi mezzi pubblici il piacere gratuito della lettura. Come? Appendendo in una bacheca sistemata sul fondo di ogni tram, una decina di classici, da godersi nel breve (o lungo) spazio del viaggio quotidiano da fermata a fermata. A partire da settembre il passeggero potrà usufruire (così come accade per i quotidiani offerti dai bar, tenuti insieme con un'asticella che ne impedisce tra l'altro il furto) del libro che preferisce, scegliendo fra le letture minime, cioè poesie o aforismi, o testi leggermente più corposi (brevi racconti di una decina di pagine) a seconda della presunta durata del viaggio. Se l'esperimento avrà successo, il servizio sarà progressivamente esteso anche ad altre linee.

8. Torino offrirà agli utenti dei mezzi pubblici un nuovo servizio.
9. I passeggeri, lungo il percorso, potranno godere del piacere della lettura.
10. L'iniziativa sarà inaugurata a settembre.
11. Si potranno leggere libri di autori italiani e stranieri.
12. Se al passeggero piacerà il libro letto, potrà acquistarlo alla fine del viaggio.
13. Ogni libro sarà voluminoso e costituito di molte pagine.
14. Per evitare furti, per i libri sul tram si userà lo stesso sistema usato per i giornali nei bar.
15. Già si sono sperimentate iniziative del genere in altre capitali europee.
16. Se il tragitto è lungo, sarà possibile leggere seduti tutti i testi.
17. Se il servizio avrà successo, anche altre città seguiranno l'esempio torinese.

A.3 **Completi le frasi scegliendo la parola opportuna tra le quattro proposte.**

18. Marcello vive a Napoli ________________ frequenta la facoltà di medicina.

a. dove **b.** benché **c.** ma **d.** mentre

19. Ho preso l'autobus e, ________________ sono arrivato in città, sono sceso.

a. quando **b.** allora **c.** finché **d.** dato che

20. ________________ vi piace l'inglese, durante l'estate, andrete in Inghilterra.

a. perché **b.** comunque **c.** siccome **d.** così

21. Ha visto in una vetrina un bel vestito e mi ha chiesto ________________ costasse.

a. quanto **b.** quando **c.** come **d.** dopo

22. ________________ hanno bisogno di denaro, quegli studenti fanno un lavoro saltuario.

a. perciò **b.** se **c.** a condizione che **d.** dunque

A.4 Completi il testo scegliendo la parola opportuna tra le tre sottostanti.

Post-it

Alle mamme piace chiacchierare. Alle mamme piace avere il tempo per fare (**23**) ______________ chiacchiere con le amiche, senza impegno. È per questo che sabato abbiamo voluto offrire a tutte il tempo di un (**24**) ______________ nella Cook&Books Academy per parlare (**25**) ______________ cosa potrebbe davvero migliorare la vita delle mamme, dei papà, dei bambini e (**26**) ______________ abbiamo scritto su alcuni Post-it tra una chiacchiera e l'altra, tra un «Che bello rivederti» e un «Ciao, e tu (**27**) ______________ sei?». Questa è stata, speriamo per tutti, una bella occasione per vedersi e rivedersi. Ci saranno (**28**) ______________ occasioni. E, (**29**) ______________ questa volta non c'eri, puoi comunque partecipare lasciando anche tu la (**30**) ______________ frase qui o su Twitter. Nel frattempo, grazie (**31**) ______________ mamme che sono venute nella Cook&Books Academy da Torino, Roma, Verona e Bologna: eravate talmente tante che (quasi) non (**32**) ______________ l'aspettavamo.

23.	**a.** tre	**b.** cinque	**c.** quattro
24.	**a.** cafè	**b.** caffè	**c.** caffe
25.	**a.** di	**b** per	**c.** della
26.	**a.** l'	**b.** la	**c.** li
27.	**a.** che	**b.** cosa	**c.** chi
28.	**a.** importante	**b.** unici	**c.** altre
29.	**a.** se	**b.** quando	**c.** mentre
30.	**a.** sua	**b.** tue	**c.** tua
31.	**a.** alle	**b.** delle	**c.** nelle
32.	**a.** ce	**b.** ve	**c.** se

A.5 Completi le frasi con i pronomi opportuni.

33. Scrivo a Franca perché ______________ voglio comunicare che andrò a Firenze.

34. Giovanni in questo periodo è molto occupato perché la ditta dove lavora ______________ ha affidato un incarico di responsabilità.

35. I tuoi amici stasera ______________ hanno invitato a cena.

36. Domani voglio comprare una camicetta; ______________ comprerò una in tinta unita.

37. Renata vi ha chiesto in prestito alcuni vecchi cd dei Rolling Stones, ma non ______________ volete dare.

B. PROVA DI PRODUZIONE DI TESTI SCRITTI

B.1 **Risponda al questionario.**

È in Italia ed ha deciso di iscriversi ad una palestra. Le hanno chiesto di compilare il seguente questionario:

1. È già stato in palestra? Se sì, quale?

2. Quale parte del corpo vuole migliorare?

3. Quante ore al giorno è disposto/a ad allenarsi?

4. Che opinione ha della ginnastica? (faticosa, noiosa, necessaria, ecc.)

5. Ci sono molte palestre nella Sua città?

6. Di solito, che età hanno le persone che vanno in palestra?

7. Quanto è diffusa nel Suo paese l'abitudine di frequentare una palestra?

8. Che cosa ritiene più importante nella scelta di uno sport?

9. Per mantenersi in forma è sufficiente fare ginnastica in una palestra?

B.2 Scriva un annuncio. (Usi circa 50 parole)

Lei è in Italia e vuole vendere la Sua auto. Decide di mettere un annuncio sul giornale in cui

- descrive il tipo di macchina che vuole vendere;
- specifica la somma richiesta;
- dà informazioni per mettersi in contatto con Lei.

B.3 Scriva una e-mail.

La proprietaria della pensione presso cui è restato durante un soggiorno in Italia era una donna gentilissima, ma soprattutto un'ottima cuoca. Lei le scrive per

- ringraziarla per la gentilezza con cui L'ha ospitata;
- chiederle la ricetta di una sua specialità che Lei ha avuto occasione di assaggiare;
- consigliarLe di preparare per i Suoi amici italiani "quel piatto" del suo paese che proprio lei Le aveva insegnato a cucinare.

(Da un minimo di 90 a un massimo di 100 parole)

20 MINUTI

TEST 4

CELI 2

CERTIFICATO DI CONOSCENZA DELLA LINGUA ITALIANA

Livello B1

C **Prova di Comprensione dell'Ascolto** *(40 punti)*

Nome e Cognome dello studente

____

____

Data

____

____

Traccia 13 AUDIO

C.1 **Dopo aver ascoltato i messaggi telefonici, segni con una X la lettera a, b o c che corrisponde all'affermazione precisa tra le tre che Le vengono proposte.**

(I testi verranno ascoltati due volte)

1. **Roberta**
   a. è a Roma.
   b. è di Roma.
   c. parte per Roma.

2. **Marino**
   a. è un medico.
   b. ha un serio problema.
   c. deve andare dalla signora Rossi.

3. **La lavanderia**
   a. è aperta tutti i giorni, escluso il sabato.
   b. il sabato è chiusa tutta la giornata.
   c. il sabato fa un orario ridotto.

4. **L'impiegato dell'assicurazione**
   a. è riuscito a prendere i soldi dell'assicurazione.
   b. ripasserà per ritirare la somma dopo due giorni.
   c. prega la signora di andare lei stessa negli uffici dell'assicurazione.

Traccia 14 AUDIO

C.2 **Dopo aver ascoltato i testi, segni con una X la lettera a, b o c che corrisponde all'affermazione precisa tra le tre che Le vengono proposte.**

(I testi verranno ascoltati due volte)

5. **A Torino domani**
   a. tutti potranno scegliere e praticare uno sport in una palestra all'aperto.
   b. nonni e bambini si divertiranno.
   c. sarà possibile visitare le più belle piazze, il fiume e i parchi di Torino.

6. **Charles Percy Snow nel celebre volumetto Le due culture sosteneva che**
   a. è un errore fare una distinzione tra la cultura umanistica e quella scientifico tecnologica.
   b. la cultura tecnologica è negativa per il mondo del sapere.
   c. tutti devono studiare.

7. **I bambini**
   a. hanno sempre come amico del cuore un parente.
   b. scelgono amici diversi o simili a loro.
   c. hanno bisogno di giocare con un amico per la pelle.

8. **Alcune mamme romane faranno dei turni speciali per**
   a. conciliare famiglia e lavoro.
   b. portare i figli a scuola.
   c. diventare tassiste.

C.3 **Ascolti i due testi.**

Traccia 15 AUDIO

1° testo
Il testo è un'intervista ad un famoso cantante rock, Nek. Non tutte le affermazioni da 9 fino a 23 sono presenti nel testo. Indichi, nel foglio delle risposte, le affermazioni presenti nel testo, con una X nei ☐.

(Il testo verrà ascoltato una volta)

9. cantare è la mia passione.
10. è l'album più naturale che io abbia scritto.
11. magari farà la gente.
12. una volta mi piaceva solo cantare.
13. mi sento bene anche con Filippo Neviani.
14. non ho mai fatto un tour.
15. amo la musica rock.
16. ascolto spesso la musica classica.
17. negli anni ho lavorato con grandi musicisti.
18. volevo evitare questo.
19. ai miei concerti ci sono molti fan.
20. essere un bravo papà mi ha aiutato.
21. la mia vita è cambiata.
22. girerò l'Europa.
23. è la mia famiglia che viene con me.

Traccia 16 AUDIO

2° testo

Il testo tratta di "Un'esperienza da copiare": un giornale di classe. Non tutte le affermazioni da 24 fino a 33 sono presenti nel testo. Indichi, nel foglio delle risposte, le affermazioni presenti nel testo, con una X nei ☐.

(Il testo verrà ascoltato due volte)

24. Meet Europe è un giornale online.

25. Si tratta di un'esperienza che entusiasma i ragazzi europei.

26. I ragazzi italiani dedicano il loro tempo libero a questo progetto.

27. Per rendere i contatti più veloci usano la posta elettronica.

28. Nel giornale ci saranno tante pagine da leggere.

29. I ragazzi potranno scrivere articoli su qualsiasi argomento.

30. I ragazzi sono molto soddisfatti del fatto di potersi capire tra di loro.

31. Inoltre, pensano che impareranno meglio l'inglese.

32. Questi giovani giornalisti telematici avranno l'opportunità di incontrarsi.

33. I ragazzi non vedono l'ora di scrivere reportage sulla loro scuola.

10 MINUTI

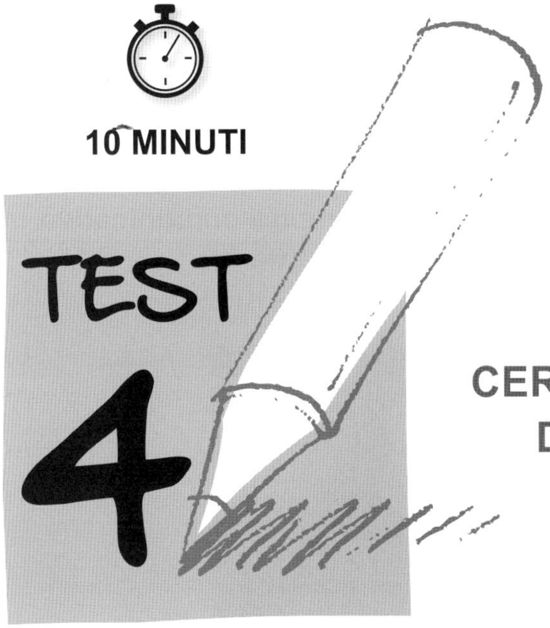

CELI 2

CERTIFICATO DI CONOSCENZA DELLA LINGUA ITALIANA

Livello B1

Prova di Produzione Orale *(40 punti)*

Lo/la studente/essa terrà una conversazione con il/la suo/a insegnante dimostrando di

A saper parlare di sé
B sapersi esprimere in alcune situazioni
C descrivere foto o illustrazioni

Nome e Cognome dello studente

____

____

Data

____

____

CELI 2

A **Lo/la studente/essa deve essere in grado di tenere una breve conversazione con il/la suo/a insegnante sugli elementi essenziali per presentarsi.**

B **Lo/la studente/essa deve svolgere il seguente compito comunicativo in una conversazione faccia a faccia con il/la suo/a insegnante.**

Al ritorno dalle vacanze ad una Sua amica Lei mostra le fotografie che ha scattato in quel posto meraviglioso dove ha trascorso l'estate. L'amica Le chiede dove è andato/a, per quanto tempo vi è restato/a, se era da solo/a o in compagnia ecc.

C **Lo/la studente/essa deve saper descrivere la foto e l'insegnante sollecitarlo/la nell'esposizione.**

2 ORE

TEST 5

CELI 2

CERTIFICATO DI CONOSCENZA DELLA LINGUA ITALIANA

Livello B1

A **Prova di Comprensione della Lettura** *(40 punti)*

B **Prova di Produzione di Testi Scritti** *(40 punti)*

Nome e Cognome dello studente

Data

A. PROVA DI COMPRENSIONE DELLA LETTURA

A.1 Legga i testi. Indichi con X la lettera a, b o c corrispondente all'affermazione o alla risposta esatta tra le tre proposte.

1. Che rapporto hanno le famiglie italiane con la tecnologia?
Donnamoderna.com e Microsoft hanno raccolto i dati del concorso Family Tech Makeover e con Mario Abis dell'istituto di ricerca Makno hanno elaborato il profilo della famiglia tecnologica italiana. Tanti apparecchi tecnologici usati soprattutto per condividere e comunicare. Soprattutto quando in casa ci sono bambini o figli grandi. A vincere in casa è il notebook che ha preso il posto del desktop, seguono tv, smartphone e tablet.

La famiglia italiana usa
a. tutti gli apparecchi tecnologici che esistono sul mercato.
b. pochissimo il notebook e molta tv.
c. molti apparecchi tecnologici e in particolare il notebook.

2. Come sono fatte le mamme moderne? Cosa pensano? Di cosa hanno bisogno?
Lo abbiamo chiesto alle lettrici della nostra rivista, che hanno risposto in 5.917 di cui 4.395 mamme. Oltre l'80% di loro lavora e il 14% non rinuncerebbe mai al lavoro: segno che c'è ancora bisogno di pensare a nuove soluzioni che permettano alla donna di lavorare e di occuparsi della famiglia. In questo gli strumenti digitali hanno un ruolo decisivo. La tecnologia può risolvere tanti problemi quotidiani per cercare informazioni, ma anche – spesso – condividere un problema, un dubbio…

Le mamme di oggi preferirebbero
a. restare in casa per prendersi cura dei figli.
b. conciliare lavoro e famiglia.
c. stare davanti al computer per molte ore.

3. A causa del tasso di umidità che sfiora il 90% i miei capelli lisci sono diventati ricci! Ultimamente però ho scoperto che anche nel supermercato, dove vado regolarmente a comprare i detersivi, ci sono ottimi prodotti per i capelli, senza spendere una follia. Uno di questi è un nuovo prodotto che dona capelli lisci e lucenti. Ho notato che riduce l'elettricità statica e i miei capelli sono tornati lisci e luminosi, anche se li asciugo all'aria e senza phon.

Questo avviso dice che è possibile trovare nel supermercato
a. un nuovo detersivo.
b. un phon che asciuga i capelli e li rende lisci.
c. un prodotto per i capelli molto buono ed economico.

4. Ok, la situazione uomini e faccende domestiche va migliorando. Ma non è ancora ideale in molte coppie, dove è la donna a fare di più in casa... Ecco qualche piccola strategia

per trasformare il partner in un "perfetto casalingo". Una sopresa? La sua trasformazione dipende dal nostro atteggiamento. Ricordati che nulla e nessuno ha deciso che tu ti devi occupare della casa, e nemmeno come o quando bisogna farlo: ognuno - e ogni coppia - ha il suo stile, anche nel tenere in ordine la casa.

Il maschio italiano

a. è diventato un "perfetto casalingo" nei lavori in casa.
b. non vuole fare niente in casa e la donna deve accettare questa realtà.
c. con l'aiuto della sua partner può trasformarsi.

5. Problema: si avvicina il Natale. Amiche, sorelle, cognate, colleghe: tutte si aspettano un pacchetto. Ma non è tempo di grosse spese. Il libro è il regalo ideale: non costa troppo ma coinvolge tanto. Ok, ma quale libro? Serve aiuto? Se l'amica destinataria del tuo regalo ha bisogno di farsi due risate, ecco un nuovo libro della comica più amata (e più letta) dalle italiane: Luciana Littizzetto.

A Natale

a. è obbligatorio fare un regalo alle amiche, sorelle, cognate, colleghe.
b. molte persone vogliono ridere e divertirsi.
c. possiamo regalare un libro senza spendere molto.

6. I signori Rossi per il fine settimana hanno deciso di andare in Umbria. Vogliono visitare la regione ma anche praticare degli sport. Quale hotel gli consiglieresti?

1. Hotel Sole

Al suggestivo castello medievale nel cuore dell'Umbria, immerso nel verde e nel silenzio della campagna. Un delizioso angolo di passato ancora intatto e un punto di partenza ideale per visitare le splendide città d'arte della regione. È un albergo eccellente sia per chi ama le passeggiate in natura, sia per chi vuole riposarsi.

2. Hotel Exotic

Al piano interrato della Villa c'è la cantina, ideale per la conservazione dei vini pregiati. La villa è circondata da un parco con giardino, viali di cipressi e tigli, piscina. Il menù del ristorante propone piatti della tradizione regionale italiana, a base di prodotti genuini locali. La disponibilità di tutto il personale, il confort, e tutti i servizi dell'hotel, lo rendono ideale per una vacanza indimenticabile.

3. Hotel Relax

Hotel grazioso in una bella villa degli anni '30, direttamente sul lago, con spiaggia privata, piscina e idromassaggio caldo. Camere confortevoli arredate con gusto. Ottimo il ristorante con veranda panoramica. Luogo ideale per chi, oltre ad una distensiva vacanza, voglia praticare sports quali windsurf, equitazione, golf (3 campi da golf nelle vicinanze) o visitare luoghi storici e culturali dell'Umbria.

a. L'hotel indicato con il numero 1.
b. L'hotel indicato con il numero 2.
c. L'hotel indicato con il numero 3.

7. Gentile sindaco, perché non cerchiamo di risolvere i problemi delle nostre scuole? Noi genitori e studenti ci lamentiamo perché le scuole si trovano in edifici spesso in cattive condizioni. In classe si trovano troppi studenti e poco altro: mancano i banchi e le fotocopiatrici, i laboratori non ci sono o sono poco attrezzati. Tanto che occorre chiedere aiuto, anche economico, a noi genitori. È in queste condizioni, davvero precarie, che molti docenti oggi devono insegnare. Le sembra giusto? La preghiamo di intervenire subito, prima che sia troppo tardi.

In questa breve lettera genitori e studenti chiedono al sindaco di

a. assumere nuovi insegnanti stabili e non precari.
b. cambiare i programmi scolastici.
c. trovare una soluzione ad alcuni problemi che ci sono nelle scuole.

A.2 Legga il testo. Indichi, nel foglio delle risposte, le affermazioni presenti nel testo, con una X nei □.

Ma i delfini dormono?

I delfini sono vigili anche quando dormono: per poter respirare, affiorano in superficie, e monitorano l'ambiente circostante, evitando incontri ravvicinati a squali affamati. Secondo una ricerca pubblicata su PlosOne, l'importanza di non abbassare mai la guardia può aver rivestito un ruolo determinante nell'evoluzione di questo comportamento. I delfini, infatti, dormono con una sola metà del cervello alla volta e un occhio aperto. Hanno, cioè, sviluppato quello che viene definito "sonno uniemisferico alternato": quando un emisfero cerebrale mostra il tracciato elettroencefalografico tipico del sonno, l'altro emisfero presenta quello della veglia, e viceversa.

8. I delfini sono animali che amano la libertà.
9. Stanno sempre attenti anche quando dormono.
10. Per respirare salgono in superficie.
11. I delfini evitano di avvicinarsi agli squali che hanno fame.
12. I bambini giocano spesso con i delfini.
13. I delfini dormono solo con un occhio chiuso.
14. Quando dormono i delfini emettono un suono.
15. I delfini sono animali molto evoluti.
16. Una ricerca ha studiato l'evoluzione dei delfini.
17. Se con un emisfero dormono, con l'altro i delfini restano svegli.

A.3 Completi le frasi scegliendo la parola opportuna tra le quattro proposte.

18. Andremo al cinema ______________ siamo stanchi.

a. anche se **b.** allora **c.** finché **d.** se

19. ______________ ho bisogno di aiuto, vado dai miei genitori.

a. oppure **b.** anche **c.** quando **d.** così

20. Avevo ______________ telefonato a Gianni, quando sei arrivato tu.

a. appena **b.** neanche **c.** siccome **d.** dunque

21. Andiamo in ufficio: ______________ siamo in macchina, possiamo discutere dei nuovi progetti.

a. mentre **b.** poiché **c.** prima **d.** oppure

22. ______________ non ho i soldi, non posso comprare una macchina nuova.

a. siccome **b.** neanche **c.** anche **d.** appena

A.4 Completi il testo scegliendo la parola opportuna tra le tre sottostanti.

Anche Fido risente della crisi

«Oggi - sottolinea Giuseppe Portolese, dirigente del settore "Tutela Animali" del Comune - mantenere un cane ha un (**23**) ________________ non indifferente. Bisogna mettere in conto innanzitutto l'alimentazione e le spese del veterinario, augurandosi che l'animale sia in salute. (**24**) ________________, siamo sui 1.250-1500 euro l'anno. Una cifra che per una famiglia colpita dalla crisi è tutt'altro che indifferente". In (**25**) ________________ caso, se proprio per voi è diventato impossibile prendervi cura di un cane, non lasciatelo sulla strada, ma (**26**) ________________ a un canile "Qui assistiamo l'animale - spiega il dirigente - (**27**) ________________ cui i padroni non possono prendersi cura, per tre mesi. Poi o torna al proprietario (**28**) ________________ viene dato in adozione». La crisi porta, per così dire, anche una buona notizia. Se da un lato le adozioni sono in calo, anche gli abbandoni (**29**) ________________ diminuendo. Perché? «(**30**) ________________ gente, non avendo i soldi per andare (**31**) ________________ vacanza - dice Bosco - non ha più il problema del dove (**32**) ________________ il cane durante le ferie».

23.	**a.** prezzo	**b.** costo	**c.** spesa
24.	**a.** insomma	**b.** certo	**c.** davvero
25.	**a.** quale	**b.** quello	**c.** questo
26.	**a.** rivolgetevi	**b.** rivolgiti	**c.** rivolga
27.	**a.** del	**b.** dello	**c.** di
28.	**a.** o	**b.** e	**c.** anche
29.	**a.** sono	**b.** stanno	**c.** cominciano
30.	**a.** la	**b.** il	**c.** una
31.	**a.** per	**b.** a	**c.** in
32.	**a.** lasciare	**b.** abbandonare	**c.** dimenticare

A.5 Completi le frasi con i pronomi opportuni.

33. Professore, ________________ prego, mi aiuti! Non ho capito niente!
34. Mi presti il tuo libro, per favore? Il mio ________________ ho lasciato a casa.
35. Più guardo Lorenzo e più ________________ innamoro.
36. Asia vuole una bambola nuova. ________________ compri tu?
37. Avete visto lo spettacolo. Che ________________ pensate?

B. PROVA DI PRODUZIONE DI TESTI SCRITTI

B.1 **Risponda al questionario.**

Completi la scheda proposta dall'albergo in cui ha appena soggiornato.

Gentile Cliente,
Le chiediamo di compilare la seguente scheda con i Suoi dati. Sono piccoli suggerimenti che possono migliorare i servizi del nostro albergo. Ci segnali quei servizi di cui è rimasto soddisfatto particolarmente, così come quelli di cui non lo è stato pienamente. I suoi consigli saranno utili in futuro per servirLa nel migliore modo possibile.

1. Impressione all'arrivo
____
____

2. Servizi in camera
____
____

3. Servizi in piscina
____
____

4. Servizio ristorante
____
____

5. Colazione
____
____

6. Pranzo
____
____

7. Cena
____
____

8. Consiglio questo Hotel perché
____
____

9. Tornerei nel vostro albergo perché
____
____

B.2 **Scriva un annuncio.** (Usi circa 50 parole)

Ha deciso di andare a vivere per tre mesi in Italia e vuole trovare un lavoretto come animatore per bambini in un camping.

Mette un annuncio in Internet in cui
- parla di sé;
- descrive le eventuali precedenti esperienze con i bambini;
- precisa il periodo e l'orario in cui è disponibile.

B.3 **Scriva una e-mail.**

Lei ha conosciuto un ragazzo italiano in Facebook. Lui è sempre gentile e ha i Suoi stessi interessi. Decide di scrivergli un messaggio e di invitarlo a passare le vacanze insieme la prossima estate.

Nella e-mail
- lo saluta e lo invita a passare le vacanze su un'isola che Lei conosce bene;
- gli descrive brevemente l'isola;
- gli scrive che cosa potete fare insieme sull'isola.

(Da un minimo di 90 a un massimo di 100 parole)

20 MINUTI

TEST 5

CELI 2

CERTIFICATO DI CONOSCENZA DELLA LINGUA ITALIANA

Livello B1

C **Prova di Comprensione dell'Ascolto** *(40 punti)*

Nome e Cognome dello studente

____

____

Data

____

____

Traccia 17 AUDIO

C.1 **Dopo aver ascoltato i messaggi telefonici, segni con una X la lettera a, b o c che corrisponde all'affermazione precisa tra le tre che Le vengono proposte.**

(I testi verranno ascoltati due volte)

1. **Cristina non può**
   a. fare la lezione d'italiano.
   b. andare dal dentista.
   c. tornare a casa sua.

2. **L'idraulico vorrebbe**
   a. uscire con la signora Rossi.
   b. fissare un appuntamento.
   c. acquistare un telefonino.

3. **Serena telefona a Maria**
   a. per salutarla.
   b. per incontrarla il prossimo sabato.
   c. per darle un'informazione.

4. **Il proprietario del video club "Orizzonti" dice al signor Orlando di passare dal suo negozio per**
   a. ritirare un dvd.
   b. ordinare un dvd.
   c. acquistare un dvd.

Traccia 18 AUDIO

C.2 **Dopo aver ascoltato i testi, segni con una X la lettera a, b o c che corrisponde all'affemazione precisa tra le tre proposte.**

(I testi verranno ascoltati due volte)

5. **John Maynard Keynes sosteneva che le tecnologie**
   a. potevano sostituire l'uomo.
   b. regalare all'uomo del tempo da dedicare alla sua vita privata.
   c. ci potevano aiutare a vivere senza relazioni umane.

6. **Il numero dei messaggini oggi è**
   a. in aumento.
   b. in calo.
   c. stabile.

7. **Nel testo si parla**
   a. di un furto in un negozio di abbigliamento.
   b. di un 14enne che voleva acquistare dei vestiti in un negozio di abbigliamento.
   c. della nuova moda autunnale per abiti di bambini.

8. **Secondo una ricerca, i genitori italiani**
   a. passano molto tempo con i figli.
   b. giocano solo un quarto d'ora al giorno.
   c. sono sempre stanchi quando ritornano dal lavoro.

C.3 **Ascolti i due testi.**

Traccia 19 AUDIO

1° testo
Il testo è un' intervista ad un celebre psichiatra e psicoterapeuta. Non tutte le affermazioni da 9 fino a 23 sono presenti nel testo. Indichi, nel foglio delle risposte, le affermazioni presenti nel testo, con una X nei ☐.

(Il testo verrà ascoltato una sola volta)

9. possiamo fare a meno dei farmaci
10. dobbiamo sapere con esattezza quali medicine sono necessarie
11. la forza è dentro di noi
12. nuove medicine hanno creato nuove malattie
13. dobbiamo prendere sempre le pillole
14. ci sono molte nuove malattie mentali
15. vede dove stiamo andando?
16. usano abitualmente psicofarmaci
17. una persona su due va dal medico per disturbi di origine psicosomatica
18. le medicine possono curare le malattie causate da virus
19. la cefalea è una malattia che si cura con i farmaci
20. se una persona è stressata deve staccare
21. tutte le malattie sono terribili
22. i medici dicono di andare in ospedale
23. che le medicine non curano

Traccia 20 AUDIO

2° testo

Il testo consiglia cosa si deve fare per mantenere i benefici delle vacanze. Non tutte le affermazioni da 24 fino a 33 sono presenti nel testo. Indichi, nel foglio delle risposte, le affermazioni presenti nel testo, con una X nei ☐.

(Il testo verrà ascoltato due volte)

24. Non eliminare nessun pasto.

25. A colazione non mangiare dolci e cornetti.

26. Chi a colazione consuma pochi grassi sta meglio di chi ne fa uso.

27. Se non hai voglia di camminare, per spostarti, usa la bicicletta.

28. Vivi vicino alla natura.

29. Non uscire quando il tempo non è bello.

30. Per stare in forma, cammina.

31. Non mettere abiti stretti e scomodi.

32. Indossa abiti non troppo cari.

33. Mischia insieme lo stile moderno e retrò.

10 MINUTI

TEST 5

CELI 2

CERTIFICATO DI CONOSCENZA DELLA LINGUA ITALIANA

Livello B1

Prova di Produzione Orale *(40 punti)*

Lo/la studente/essa terrà una conversazione con il/la suo/a insegnante dimostrando di

A saper parlare di sé
B sapersi esprimere in alcune situazioni
C descrivere foto o illustrazioni

Nome e Cognome dello studente

____

____

Data

____

____

A **Lo/la studente/essa deve essere in grado di tenere una breve conversazione con il/la suo/a insegnante sugli elementi essenziali per presentarsi.**

B **Lo/la studente/essa deve svolgere il seguente compito comunicativo in una conversazione faccia a faccia con il/la suo/a insegnante.**

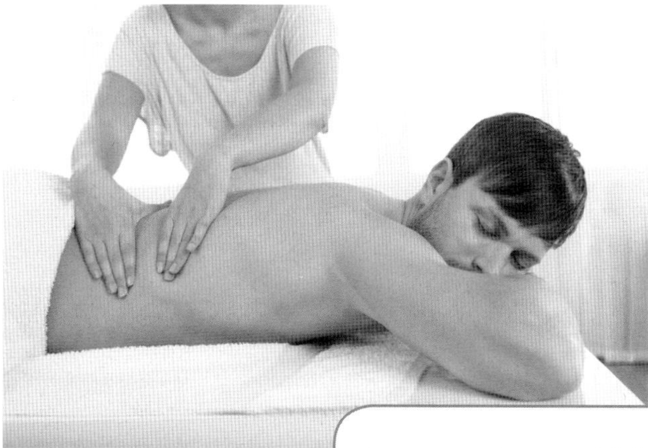

Per strada incontri il/la tuo/a professore/essa d'italiano. Lui/Lei ha una faccia stanca e tu gliene chiedi il motivo. Ti risponde che ha molto lavoro e si sente stressato/a..

Tu lo/la incoraggi dicendogli/le che per tutti oggi la vita è complicata e gli/le dai dei consigli che potrebbero aiutarlo/la a star meglio (dormire di più, mangiare bene, andare in palestra, coltivare un hobby, ecc.)

C **Lo/la studente/essa deve saper descrivere la foto e l'insegnante sollecitarlo / la nell'esposizione.**

2 ORE

TEST 6

CELI 2

CERTIFICATO DI CONOSCENZA DELLA LINGUA ITALIANA

Livello B1

A **Prova di Comprensione della Lettura** *(40 punti)*

B **Prova di Produzione di Testi Scritti** *(40 punti)*

Nome e Cognome dello studente

____

____

Data

____

____

A. PROVA DI COMPRENSIONE DELLA LETTURA

A.1 Legga i testi. Indichi con X la lettera a, b o c corrispondente all'affermazione o alla risposta esatta tra le tre proposte.

1. In questo periodo di vacanze, alcune persone capiranno cosa significhi lo smarrimento o il furto di una valigia dopo un volo aereo. È accaduto l'altro giorno a mia figlia. La vacanza desiderata da mesi per la sua maturità classica e invece... puff, ti trovi all'estero senza nulla, perché un ladro o un incompetente ha fatto sparire i tuoi bagagli. Credo che una convenzione internazionale preveda risarcimenti ridicoli per questi odiosi episodi; non vale neanche la pena iniziare cause legali. Io, invece, considero un danno morale come questo, ben superiore al contenuto della valigia.

   L'autore della lettera

   a. protesta perché qualcuno gli ha rubato la valigia mentre era in vacanza.
   b. considera ridicolo l'atteggiamento delle compagnie di volo.
   c. si lamenta perchè un impiegato irresponsabile non ha fatto bene il suo lavoro e ha provocato un danno a un suo familiare.

2. Caro lettore, Lei scrive che chi vuole spostarsi in bicicletta non ha che da pedalare e al massimo può chiedere di avere strade con meno rotaie e meno buche! Sono d'accordo che strade meno sconnesse sarebbero un bene prezioso non solo per i ciclisti. Temo però che ogni tipo di intervento in tal senso finirà per accontentare qualcuno, lasciando altri delusi. Quello che però continuo a non comprendere è l'antipatia che traspare da parte di chi non utilizza le due ruote nei confronti dei cittadini/ciclisti. Una mobilità migliore per chi è costretto a usare l'auto passa anche da un uso più diffuso di mezzi alternativi, tra l'altro non inquinanti.

   Secondo la persona che ha scritto la lettera

   a. gli automobilisti non considerano l'uso della bicicletta in città una soluzione al traffico.
   b. chi va in bicicletta deve rispettare i segnali stradali.
   c. usare la bicicletta è pericoloso a causa della presenza delle rotaie del tram.

3. Egregio direttore, Le scrivo riguardo alla piaga dei furti in appartamento. Il problema è così diffuso e sentito perché quasi tutti i cittadini, prima o dopo, si sono trovati in simili incresciose e pericolose situazioni, anche più e più volte. I ladri colpiscono ininterrottamente senza alcuna esitazione e spesso con selvaggia violenza ed il fenomeno purtroppo è destinato a diffondersi e crescere nel tempo. Se il fenomeno non avrà soluzioni, non rimarrà che difendersi da soli. Siamo all'alba di un nuovo Far-West?

   Chi ha scritto la lettera esprime

   a. il timore che prima o poi tutti ci troveremo davanti a un ladro.
   b. la paura che i disonesti diventeranno sempre più violenti.
   c. la preoccupazione che in futuro la legge non proteggerà più il cittadino.

4. Piove e fa freddo come di solito accade a novembre e invece, secondo il calendario, siamo a maggio. Quello del meteorologo è diventato un mestiere difficile, meglio andare cauti con le previsioni. I mutamenti climatici sono una realtà evidente e più di una colpa va sicuramente attribuita al genere umano, incapace di trovare un giusto, anche se difficile equilibrio, fra sviluppo e tutela dell'ambiente. Comunque distinguiamo: eruzioni vulcaniche e terremoti fanno parte del DNA della Terra, la marea nera invece è il frutto di una corsa all'oro nero che non tiene sufficientemente conto dei rischi e non capisce che c'è un limite oltre al quale non si può andare.

Nella lettera si parla
a. delle previsioni meteorologiche.
b. della mancanza di rispetto per l'ambiente.
c. delle conseguenze dei terremoti sulle città.

5. Qualche giorno fa ho partecipato ad un progetto promosso dalla mia scuola: Rock Your School, due ore extracurricolari facoltative dedicate alla pulizia del cortile dell'edificio che per noi ragazzi è una seconda casa. La cosa su cui voglio soffermarmi, però, è lo sguardo di una mia amica che, alla mia domanda riguardo il numero di partecipanti all'iniziativa della sua classe, ha risposto: «Sono l'unica...». I suoi occhi mesti, tristi, delusi celavano qualcosa di più grande, profondo, vitale. Dentro i suoi occhi castani c'era un ideale! Un ideale deluso dalla nulla partecipazione dei suoi compagni di classe e amici, ma anche vivo, probabilmente rafforzato dall'esperienza. Una ragione di vita! Quella di voler rendere migliore l'ambiente in cui vive, rimboccandosi le maniche e non lamentandosi con lo Stato.

La ragazza che ha scritto la lettera
a. è addolorata perché nei giovani manca la voglia di un mondo migliore.
b. è triste perché i suoi compagni l'hanno abbandonata.
c. parla dell'inutilità degli interventi dello Stato nella scuola.

6.

1. Ragazzi in cucina

Due ragazzi armeggiano con gli oggetti della cucina: è un gioco, ma è anche un modo per allontanare il pensiero di una pagella non proprio esaltante. La cucina, i suoi attrezzi, un libro di ricette, i vapori che piano piano vengono fuori da una pentola e avvolgono con il loro calore e il loro profumato mistero sono una realtà rassicurante, ma lentamente questa realtà si trasforma e gioca con i protagonisti a rinnovarsi.

2. La guerra dei bottoni

La Guerra dei bottoni, è uno spettacolo che vuole parlare dell'infanzia attraverso il ricordo di tre personaggi: un giovane attore di provincia, un contadino senza illusioni e una maestra. I tre personaggi riportano alla memoria i ricordi del loro passato e attraverso la magia del teatro tornano ad essere coraggiosi combattenti di una guerra antica che si confrontava con i desideri e le scoperte dell'adolescenza. La guerra raccontata è quella combattuta da bande di ragazzi di due paesi vicini: Cassano e Marinone.

3. Lo spettacolo "Oriente"

Con lo spettacolo "Oriente" si vuole dare uno sguardo diverso sull'uomo. A partire dalle ricerche e dalle numerose leggende che riguardano la nascita del principe Siddharta, la vicenda viene raccontata con parole, danza, musica e immagini. Gli attori riportano sulla scena la ricchezza di un mondo lontano e diverso e tra ombre, luci e colori raccontano quel celebre viaggio verso una visione diversa dell'esistenza. Oriente è quindi anche una metafora sulla diversità.

In quale dei tre spettacoli si parla di gruppi di ragazzi che giocano insieme ma vivono in villaggi diversi?

a. Nello spettacolo indicato con il numero 1.
b. Nello spettacolo indicato con il numero 2.
c. Nello spettacolo indicato con il numero 3.

7. Ieri sera ho assistito all'ennesimo servizio televisivo sulla gioventù italiana. Ad un gruppo di ragazzi venivano rivolte alcune domande sulla loro visione del futuro, sulle loro speranze, e sulle loro preferenze e conoscenze in materia di politica. Il campione era composto da giovani che non solo non manifestavano grande interesse per le questioni di attualità ma con le loro risposte, riflettevano una volta di più quel qualunquismo che ormai sembra essere la caratteristica distintiva di un'intera generazione. Non capisco la contrapposizione tra adulti preparati e giovani ignoranti. Personalmente, conosco tanti giovani che alla mia età hanno scritto libri, insegnano nelle Università, ed eccellono professionalmente oltre che culturalmente.

Il giovane autore della lettera

a. descrive la condizione dei contadini italiani che vivono in montagna.
b. parla della mancanza di rispetto per i giovani da parte della tv italiana.
c. manifesta il dispiacere per la mancanza di futuro per chi vive in montagna.

A.2 Legga il testo. Indichi, nel foglio delle risposte, le affermazioni presenti nel testo, con una X nei ☐.

Italiani più tecnologici e attenti all'ambiente, ma costretti a vivere in città che fanno fatica a stare al passo con i tempi (Rapporto Censis). Dai dati raccolti risulta infatti che il 66,2% delle abitazioni nei comuni con più di 10.000 abitanti è in rete grazie all'Adsl e nel 44,4% c'è il Wi-Fi domestico. Inoltre, il 24,8% delle persone controlla on line il proprio conto bancario e il 48% ha effettuato la domiciliazione bancaria delle bollette (anche se si registra una forte differenza in base al titolo di studio: solo il 28% dei laureati si reca ad un ufficio postale contro il 78% di chi ha la sola licenza elementare).
Cresce, invece, la consapevolezza dei vantaggi della raccolta differenziata dei rifiuti: più di due terzi dichiara di aver ricevuto adeguate informazioni e di conoscere le regole di base. Esiste anche un

20% che non ha ancora le idee chiare, ma i disinformati sono solo il 12,5%. Passando al consumo di acqua, dal rapporto emerge che solo il 47,7% beve acqua del rubinetto. Nella fascia di livello socioeconomico più elevato, la percentuale di questi consumatori scende al 38,4% contro il 52,7% delle fasce più deboli.

In generale la maggioranza dei cittadini considera buona o accettabile la vivibilità della propria città, ma la quota degli insoddisfatti è in aumento soprattutto tra i giovani. Un quarto degli intervistati sotto i 29 anni (23,4%) giudica insufficiente o pessimo il livello di vivibilità. L'insoddisfazione più elevata si registra nelle grandi città e al Sud e oltre metà dei cittadini segnala, come effetto della crisi, la diminuzione dei servizi e ben il 70,6% la chiusura di molti negozi della città.

8. La maggioranza degli italiani vive nelle grandi città.
9. Un quarto degli italiani si serve di internet per eseguire operazioni bancarie.
10. Moltissimi italiani per pagare una bolletta vanno all'ufficio postale.
11. Gli italiani che abitano nelle grandi città usano la raccolta differenziata dei rifiuti.
12. Sono pochi gli italiani che non sanno cos'è la raccolta differenziata dei rifiuti.
13. La maggior parte degli italiani non beve acqua del rubinetto ma solo acqua in bottiglia.
14. Molti italiani sopra i 50 anni non sono soddisfatti della vivibilità della propria città.
15. Molti italiani dell'Italia settentrionale sono insoddisfatti della vivibilità della loro città.
16. Per i giovani italiani l'uso della tecnologia è indispensabile per risolvere la crisi economica.
17. Moltissimi negozi hanno chiuso a causa della crisi economica.

A.3 Completi le frasi scegliendo la parola opportuna tra le quattro proposte.

18. Ho studiato così tante ore ________________ mi gira la testa.

a. senza che **b.** oppure **c.** che **d.** anche se

19. La classe era in grande agitazione, ________________ il giorno dopo aveva il compito di matematica.

a. perché **b.** invece **c.** mentre **d.** comunque

20. Paola non va più al mare ________________ va in montagna.

a. pertanto **b.** ma **c.** siccome **d.** anche se

21. Dopo il semaforo gira a destra ________________ a sinistra e poi sei arrivato a destinazione.

a. quindi **b.** finché **c.** o **d.** però

22. Abbiamo vissuto insieme giorni belli e brutti, ma siamo ________________ restati amici.

a. dunque **b.** invece **c.** perciò **d.** comunque

A.3 Completi il testo scegliendo la parola opportuna tra le tre sottostanti.

Banca dati per animali

Si tratta della Banca dati nazionale e servirà a tenere sotto controllo la storia dell'animale, assicurando (**23**) ____________ questo modo i controlli sanitari, oltre (**24**) ____________ proteggere gli animali da maltrattamenti. A causa (**25**) ____________ crisi del settore ippico, si (**26**) ____________ verificando una diminuzione e in alcuni casi la cessazione dell'attività di numerosi impianti sportivi con la conseguenza che i cavalli potrebbero entrare a far parte illegalmente nella catena alimentare umana. Il ministro (**27**) ____________ ricordato che le carni e (**28**) ____________ allevamenti sono (**29**) ____________ tutti i giorni dai tecnici del ministero e (**30**) ____________ carabinieri del Nas (Nucleo antisofisticazione). Su disposizione del Ministero, i Nas hanno ritirato 26 tonnellate di carne bovina macinata cotta e surgelata per la (**31**) ____________ del DNA di cavallo e della possibile presenza di (**32**) ____________ vietati. Fino ad oggi i carabinieri dei Nas hanno eseguito oltre 100 campioni di prodotti a base di carne bovina macinata di 60 marche diverse.

23.	**a.** da	**b.** con	**c.** in
24.	**a.** che	**b.** a	**c.** di
25.	**a.** della	**b.** delli	**c.** di
26.	**a.** arriva	**b.** va	**c.** sta
27.	**a.** ha	**b.** è	**c.** più
28.	**a.** i	**b.** gli	**c.** l'
29.	**a.** aperti	**b.** guardati	**c.** controllati
30.	**a.** dei	**b.** dai	**c.** i
31.	**a.** ricerca	**b.** test	**c.** esame
32.	**a.** cure	**b.** farmaci	**c.** terapie

A.4 Completi le frasi con i pronomi opportuni.

33. Ti piace questo quadro? L'ha fatto mio cugino, ____________ ha regalato quando mi sono laureato.

34. Mm... quanti cioccolatini! Sono tutti per Roberto? Davvero vuoi portar ____________ tutti?

35. Se avete bisogno di CD per la festa di sabato, ____________ porto io!

36. Claudia vuole una vespa per Natale, mi piacerebbe comprar ____________, ma non so se ho i soldi.

37. Carina la tua amica! ____________ presenti?

B. PROVA DI PRODUZIONE DI TESTI SCRITTI

B.1 **Risponda al questionario.**

La scuola del Suo quartiere offre la possibilità di viaggiare e di studiare, durante l'estate, in una scuola di un paese europeo. Studiare in un altro paese può inoltre essere un'esperienza che arricchisce e permette di sviluppare importanti competenze transnazionali. Compili il seguente questionario per poter partecipare al soggiorno.

Con la compilazione del presente questionario lo studente può fornire informazioni utili, attraverso osservazioni e suggerimenti, al fine di migliorare il progetto di soggiorno estivo in una scuola della Comunità Europea.

1. Quanto tempo Lei è disposto/a a rimanere all'estero (spieghi anche perché)?

____

____

2. In quale città preferisce andare a studiare? Ci è già stato/a?

____

____

3. Conosce già la lingua? Da quanto tempo la studia e dove l'ha imparata?

____

____

4. Preferisce seguire un corso per imparare o migliorare la conoscenza della lingua? Quanto tempo è disposto/a a dedicare allo studio della lingua?

____

____

5. È già stato/a all'estero (se sì indichi dove è stato/a)?

____

____

6. Se è già stato/a all'estero indichi il motivo (p. es. vacanza, studio ecc.)

____

____

7. Quali sono i servizi più importanti che deve offrire la città dove andrà? (p. es. divertimento, servizi sportivi ecc. ecc.)

____

____

8. Secondo Lei, è importante fare esperienza di studio in un Paese della Comunità Europea? Perché?

____

____

9. Secondo Lei, quali altre difficoltà si possono incontrare studiando all'estero?

____

____

B.2 **Scriva un annuncio.** (Usi circa 50 parole)

Lei ha una collezione di fotografie di cantanti e personaggi del mondo dello sport. Scrive un annuncio su una rivista italiana per avere altre fotografie per la Sua collezione.

Nell'annuncio:

- descrive brevemente la sua collezione;
- spiega se preferisce comprare (e a quale prezzo) o scambiare le sue fotografie con altre;
- indica come comunicare con Lei.

B.3 **Scriva una e-mail.**

Ieri mentre tornava a casa, ha trovato in mezzo alla strada, un piccolo animale spaventato.

Scriva allora una e-mail ad un/una caro/a amico/a in cui

- racconta dove l'ha trovato e descrive che tipo di animale è;
- spiega perché ha deciso di tenerlo;
- parla di come hanno reagito i suoi familiari quando gli ha dato la notizia di volerlo tenere in casa.

(Da un minimo di 90 a un massimo di 100 parole)

20 MINUTI

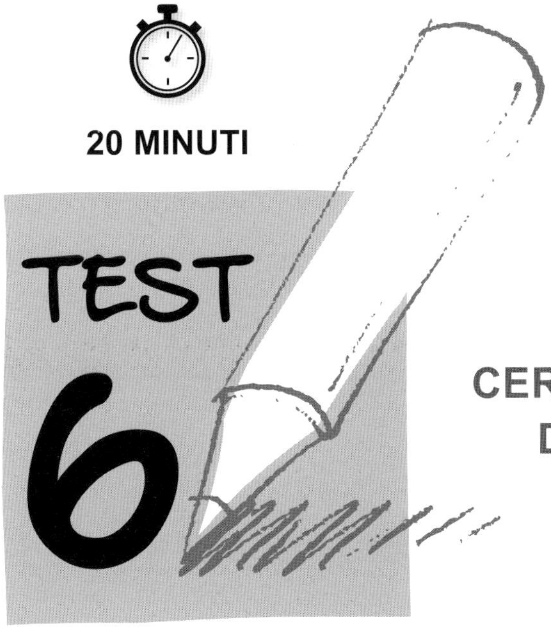

CELI 2

CERTIFICATO DI CONOSCENZA DELLA LINGUA ITALIANA

Livello B1

C **Prova di Comprensione dell'Ascolto** *(40 punti)*

Nome e Cognome dello studente

____

____

Data

____

____

CELI 2

Traccia 21 AUDIO

C.1 Dopo aver ascoltato i messaggi telefonici, segni con una X la lettera a, b o c che corrisponde all'affermazione precisa tra le tre che Le vengono proposte.

(I testi verranno ascoltati due volte)

1. **Mario**
   a. vuole sapere se Gianni vuole andare insieme a lui al museo.
   b. chiede a Gianni se gli vuole telefonare.
   c. vuole invitare Gianni ad un party.

2. **Claudia telefona a Teresa**
   a. per informarla del suo arrivo.
   b. perché non ha trovato Teresa al bar della stazione.
   c. perché è arrivata alla stazione.

3. **L'ufficio oggetti smarriti vuole comunicare**
   a. di andare a ritirare la borsa alle nove di mattina.
   b. che è stata trovata una borsa.
   c. di telefonare alle due del pomeriggio.

4. **Il direttore chiede alla segretaria**
   a. di telefonare all'ufficio postale.
   b. di andare subito all'ufficio postale.
   c. di ritirare un pacco dall'ufficio postale.

Traccia 22 AUDIO

C.2 Dopo aver ascoltato i testi, segni con una X la lettera a, b o c che corrisponde all'affemazione precisa tra le tre proposte.

(I testi verranno ascoltati due volte)

5. **Il Ministro della Sanità**
   a. ha vietato tutti i tipi di esperimenti.
   b. ha vietato la clonazione.
   c. permette gli esperimenti per la produzione di medicinali.

6. **La donna**
   a. ha perso un dente.
   b. dopo una cura ha cominciato ad avere problemi con il marito.
   c. è finita in tribunale.

7. **Il Sindaco di Catania**
   a. ha spedito una lettera al Ministro dell'Interno.
   b. ha in progetto un ufficio di controllo dei Lavori Pubblici.
   c. ha proposto alla mafia il controllo dei Lavori Pubblici.

8. **Il casco**
   a. è obbligatorio.
   b. è consigliabile quando si fa sci.
   c. deve essere molto largo.

C.3 **Ascolti i due testi.**

Traccia 23 AUDIO

1° testo

Il testo spiega come tenere in ordine una casa. Non tutte le affermazioni da 9 fino a 23 sono presenti nel testo. Indichi, nel foglio delle risposte, le affermazioni presenti nel testo, con una X nei ☐.

(Il testo verrà ascoltato una volta)

9. abiti, libri, lenzuola sono in disordine
10. le ore sono esagerate
11. possono diventare una lotta continua contro il disordine
12. c'è sempre un posto per tutto
13. si lamenta della mancanza di spazi
14. non si sa dove metter la roba
15. nella casa di oggi c'è troppo spazio
16. è difficile trovare ripostigli e guardaroba
17. qualche anno fa le cose erano migliori
18. troppo ingombranti
19. l'architetto Lorenzo Berni disegna le case
20. l'armadio non è morto
21. i designer si sono trasformati
22. una soluzione è usare la lavastoviglie
23. poco spazio per contenere tutto

Traccia 24 AUDIO

2° testo

Il testo tratta dei danni che può provocare l'uso del computer. Non tutte le affermazioni da 24 fino a 33 sono presenti nel testo. Indichi, nel foglio delle risposte, le affermazioni presenti nel testo, con una X nei ☐.

(Il testo verrà ascoltato due volte).

24. Nella nostra epoca il computer è usato ogni giorno da giovani e anziani.

25. La maggior parte dei problemi di oggi sono causati dall'uso del computer.

26. Si possono trovare alcuni rimedi contro i disturbi da computer.

27. Non dobbiamo passare troppe ore davanti allo schermo.

28. Davanti al computer, alcune parti del corpo devono assumere una posizione corretta.

29. Una sedia girevole, se è di buona qualità, costa molto.

30. Ognuno deve avere la possibilità di regolare lo schienale della sedia da computer secondo i suoi bisogni.

31. Una pausa ogni sessanta minuti è necessaria per il benessere delle gambe.

32. La sera meglio accendere una luce vicino allo schermo per non avere disturbi alla vista.

33. Chi è miope dovrebbe stare ad una distanza di mezzo metro dallo schermo.

10 MINUTI

TEST 6

CELI 2

CERTIFICATO DI CONOSCENZA DELLA LINGUA ITALIANA

Livello B1

Prova di Produzione Orale *(40 punti)*

Lo/la studente/essa terrà una conversazione con il/la suo/a insegnante dimostrando di

A saper parlare di sé
B sapersi esprimere in alcune situazioni
C descrivere foto o illustrazioni

Nome e Cognome dello studente

____

____

Data

____

____

A **Lo/la studente/essa deve essere in grado di tenere una breve conversazione con il/la suo/a insegnante sugli elementi essenziali per presentarsi.**

B **Lo/la studente/essa deve svolgere il seguente compito comunicativo in una conversazione faccia a faccia con i/la suo/a insegnante.**

Si trova alla stazione per prendere il treno che La porterà in una città del centro Europa. Casualmente vede un/un' amico/a. Gli/Le parli del suo viaggio (se avviene per motivi di studio, di lavoro o altro. Gli/Le descriva il luogo in cui si recherà e lo/la inviti a raggiungerLa).

C **Lo/la studente/essa deve saper descrivere le foto e l'insegnante sollecitarlo/la nell'esposizione.**

2 ORE

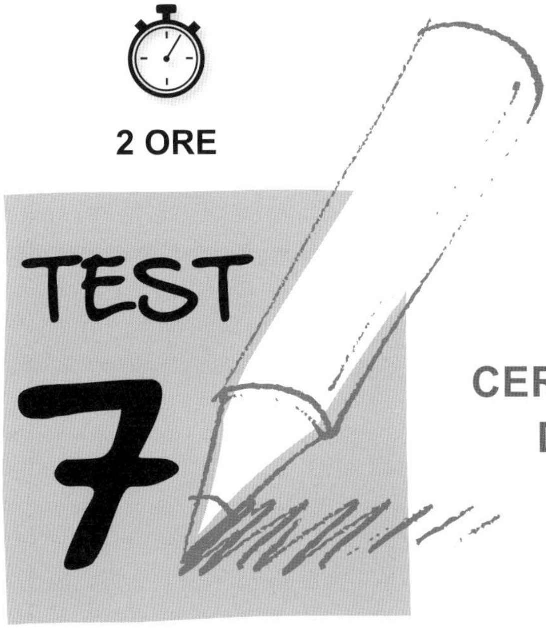

CELI 2

CERTIFICATO DI CONOSCENZA DELLA LINGUA ITALIANA

Livello B1

A	**Prova di Comprensione della Lettura**	*(40 punti)*
B	**Prova di Produzione di Testi Scritti**	*(40 punti)*

Nome e Cognome dello studente

____

____

Data

____

____

A. PROVA DI COMPRENSIONE DELLA LETTURA

A.1 Legga i testi. Indichi con X la lettera a, b o c corrispondente all'affermazione o alla risposta esatta tra le tre proposte.

1. Caro Direttore, ieri sera sono stato in libreria per una presentazione. La moderatrice, che gestisce anche la libreria ci ha detto che ogni giorno escono circa 400 nuovi titoli tra romanzi, saggistica, manuali, e che non è più possibile (o comunque è più difficile) aiutare nei consigli di lettura i lettori. Io riflettevo su come dev'essere triste per uno scrittore vedere il proprio lavoro di mesi e mesi dimenticato sotto altri titoli. Ho pensato a quanti alberi vengono abbattuti per garantirci una così consistente bulimia di titoli. Secondo Lei dev'essere il mercato a regolamentare anche l'industria culturale?

   Nella lettera l'autore si preoccupa anche
   a. della natura e dell'inutile distruzione delle foreste.
   b. delle vendite di libri nel futuro.
   c. di come regolare il mercato dei libri.

2. Invece di consegnare la posta gettava chili di lettere nei cassonetti dell'immondizia. Il responsabile che era in servizio come postino a Lodi è stato denunciato alle autorità. I fatti risalgono a settembre quando, a causa della mancata consegna di molte lettere, alcuni residenti della città hanno presentato delle lamentele all'ufficio postale di zona. Le indagini, durate due mesi, hanno portato a scoprire il postino mentre gettava migliaia di lettere equivalenti a 25 chilogrammi di corrispondenza.

   Nella lettera
   a. si parla di cittadini che hanno ricevuto la corrispondenza in ritardo.
   b. si descrive la situazione della raccolta delle immondizie.
   c. molti cittadini hanno protestato perché non hanno ricevuto alcune lettere.

3. Gentile Direttore, cosa serve ancora agli Stati Uniti per smetterla con questo uso sconsiderato delle armi? Ogni anno ci sono stragi di folli che prendono un fucile e incominciano a sparare in mezzo alla folla, come quello dell'altro giorno alla prima di un film che ha fatto 12 morti e tanti feriti gravi. Ma vi rendete conto che sono numeri impressionanti, peggiori di certe stragi della nostra tragica stagione degli anni Settanta? Ogni Paese fa quello che vuole, ma l'America è una grande potenza e in fondo deve dare l'esempio nel mondo, ma questi che esempi sono?

   L'autore della lettera parla
   a. della violenza presente nei film girati negli Stati Uniti.
   b. di quello che è successo in un cinema.
   c. di una rapina in un negozio.

4. Tutti hanno criticato i vari miti sull'inizio di una nuova era. Ma, cosa dire allora, della fine dell'anno? Cade in un giorno qualunque da un punto di vista astronomico, eppure ogni anno i media si scatenano con previsioni di astrologi i quali forniscono le previsioni più insolite nonostante il 31 dicembre sia una data immaginaria usata sin dai tempi antichi per distinguere un anno solare dall'altro.

Nella lettera si parla

a. delle spiegazioni astronomiche di fine d'anno degli scienziati.
b. dell'oroscopo presentato a fine anno da indovini e profeti.
c. delle origini antiche dell'anno solare.

5. Buongiorno, mi chiedo spesso perché la gente vuole solo "apparire" anche nei momenti in cui sarebbe meglio assumere un basso profilo. Parlo dei fatti di cronaca nera, succede una disgrazia e la gente si mette dietro al telecronista con facce felici e salutano (mamma sono qui !!!). Fanno la fila per essere intervistati e dire che " ... è sempre stato un bravo ragazzo ...." (ma almeno lo conosceranno!?). La colpa è solo del telecronista senza scrupoli o il telecronista coglie solo i frutti della società dell'apparenza?

Secondo l'autore della lettera

a. le persone vogliono farsi vedere in televisione a tutti i costi.
b. l'opinione pubblica di cui parla la tv non è sincera.
c. la televisione incoraggia le persone a parlare della vita privata.

6. Quale delle proposte sceglierebbe una persona che vuole seguire delle lezioni di gastronomia durante le vacanze?

1. Umbria

Se avete deciso di passare qualche giorno in Umbria, non mancate di visitare Città di Castello, un paese circondato dalle mura medievali, con la sua chiesa e la piazza dove sulle bancarelle è possibile trovare prodotti alimentari tipici della regione (i famosi strozzapreti alla Norcina oltre a salumi e formaggi locali). Andate quindi a visitare la Basilica di Santa Maria degli Angeli che contiene la Porziuncola, la piccola chiesa fatta costruire da San Francesco nel luogo d'incontro con i suoi frati. Infine una visita ad Assisi (con la Basilica di San Francesco e la Basilica di Santa Chiara che contiene un prezioso Crocifisso in legno e il Duomo dedicato a San Rufino).

2. Monteveglio

A Capodanno c'è il sole e non si può restare in casa... Così decidiamo di andare a Monteveglio. Nel cammino incontriamo qualche abitazione e trattoria dove si gustano cacciagione e specialità emiliane. Dopo aver percorso alcuni chilometri in questo scenario medioevale, ci troviamo di fronte alla famosa Abbazia, restaurata non molto tempo fa. Entrando in chiesa notiamo un crocefisso del 400, un organo del 600 entrambi restaurati pochi posti per pregare, un piccolo altare e un bel presepe che emette i suoni della campagna e degli animali.

3. Trentino

Se la vostra meta preferita è la montagna, l'albergo Azalea di Cavalese (TN) potrebbe essere la struttura ideale per trascorrere piacevoli momenti di relax nella splendida cornice delle montagne del Trentino. Comodo, familiare, accogliente e confortevole, l'albergo Azalea è il luogo giusto per lasciarsi alle spalle le fatiche e i ritmi frenetici della vita di città. Il cibo offerto agli ospiti si compone di prodotti di produzione locale, una scelta che aiuta i produttori della zona. Per l'area benessere si utilizzano saponi, essenze, olii e tisane biologiche. Tante le attività proposte: appuntamenti di educazione ambientale, corsi di cucina locale una gita a cavallo nei dintorni.

a. La proposta indicata con il numero 1.
b. La proposta indicata con il numero 2.
c. La proposta indicata con il numero 3.

7. I cimeli di Arturo Toscanini all'asta. Una serie di oggetti e ricordi personali del grande direttore d'orchestra della collezione Toscanini di Bolaffi saranno messi all'asta mercoledì prossimo a Milano. Il suo frac di Caraceni, la bacchetta di legno donatagli da un'ammiratrice, gli occhialini. Ma anche lettere, fotografie e spartiti. In vista della compravendita, le fondazioni Toscanini e Teatro Regio hanno chiesto al Ministero dei Beni culturali di partecipare all'asta, così che gli oggetti "possano restare in mano pubblica e trovare una collocazione all'interno del museo Casa Natale Arturo Toscanini in borgo Tanzi".

Nella lettera si parla dei cimeli di Arturo Toscanini, e

a. dell'inaugurazione del museo Casa Natale.
b. delle associazioni che hanno invitato i responsabili del governo a comprare i cimeli.
c. delle donazioni fatte dal ministero al Teatro Regio di Parma.

A.2 **Legga il testo. Indichi, nel foglio delle risposte, le affermazioni presenti nel testo, con una X nei ☐.**

Non devono vincere loro, ricordalo!

Si parla di bullismo, ragazze. Senza mezzi termini, senza giri di parole che di parole bastano quelle, pessime, che molte di noi si sentono dire dietro nei corridoi della scuola o magari per strada, mentre si va in palestra. A quanto pare, questo mondo è pieno di gente desiderosa di dirci quanto siamo sceme, brutte o inutili, di quanto sono ridicoli i cantanti che ci piacciono e di quanto è orrenda la musica che ascoltiamo. Ogni film che vediamo non va bene, ogni cosa che diciamo provoca risate. Ci sentiamo sole, sole contro un muro di ragazzi che sembrano guardarci male anche se respiriamo.

Non sentirti cosi! Non dobbiamo sentirci così! Perché è così che loro vorrebbero farci sentire. E con loro, mi riferisco a quei soggetti tristi il cui unico scopo sembra essere quello di far star male qualcuno, di umiliarlo, di stare lì a vedere come reagisce davanti all'ennesima offesa, all'ennesimo insulto. Loro si sentono forti quando riescono a farci sentire deboli. Ragazze, qui non si scherza, non si parla di una parola di troppo detta durante una lite, di una battuta poco felice, di uno sguardo cattivo. Quando le cose cominciano ad andare oltre, quando le parole da dieci diventano cinquemila, quando si passa alle mani... non abbiate paura di chiedere aiuto. A un'amica, un parente, un genitore un professore. Lo devi fare per te.

8. Spesso le ragazze vengono prese in giro o insultate mentre camminano per strada.
9. Chi offende le ragazze fa dell'ironia sulla loro bellezza.
10. I cantanti che piacciono alle ragazze vengono considerati buffi.
11. Il bullismo deve essere punito severamente.
12. Spesso contro l'aggressività dei ragazzi è bene reagire con violenza e determinazione.
13. Per provocare le ragazze si ride continuamente mettendole in difficoltà mentre parlano.
14. Con il loro comportamento troppo ostile le ragazze si sentono isolate.
15. I bulli prendono forza indebolendo le ragazze.
16. Per stare bene bisogna insultare chi ci offende.
17. Quando i prepotenti alzano le mani è consigliabile chiedere l'intervento di qualcuno.

A.3 Completi le frasi scegliendo la parola opportuna tra le quattro proposte.

18. Bisogna essere buoni con i compagni, ______________ bisogna aiutarli.

a. mentre b. cioè c. oppure d. quando

19. Essendo una ragazza intelligente Maria non ha problemi di profitto scolastico, ______________ ha difficoltà nelle socializzazioni.

a. dato che b. perché c. tuttavia d. allora

20. È davvero intelligente ______________ studia poco.

a. siccome b. dopo che c. pertanto d. tuttavia

21. Andai a Roma ______________, durante il tragitto, il pullman forò una ruota.

a. ma b. invece c. così d. quindi

22. Ho saputo che vai in America, ______________ ci lascerai?

a. però b. dunque c. comunque d. che

A.4 Completi il testo scegliendo la parola opportuna tra le tre sottostanti.

La vivisezione non serve

Il bravo consumatore quando (**23**) ________________ la spesa, controlla attentamente le etichette sulle quali sono indicati i componenti e (**24**) ________________ caratteristiche del prodotto che sta per acquistare. Il bravo medico dovrebbe fare altrettanto con i farmaci che (**25**) ________________. Basterebbe leggere la scheda tecnica di (**26**) ________________ farmaco per trovare diverse affermazioni tanto interessanti quanto sconcertanti: le ricerche (**27**) ________________ animali non servono a nulla, come dicono sempre gli antivivisezionisti. Infatti (**28**)________________ dati ottenuti con la sperimentazione del farmaco sugli animali non sono applicabili al genere umano. Sarebbe sufficiente ricordare (**29**) ________________ tutte le volte che un' industria è (**30**) ________________ portata in tribunale per risarcire i danni provocati (**31**) ________________ un suo farmaco, i dirigenti si sono sempre difesi affermando che sugli animali quegli effetti collaterali non si erano verificati, e come si sa, gli esseri (**32**) ________________ non si comportano come gli animali.

23.	**a.** va	**b.** fa	**c.** utilizza
24.	**a.** le	**b.** i	**c.** la
25.	**a.** scrive	**b.** prescrive	**c.** ordina
26.	**a.** uno	**b.** un'	**c.** un
27.	**a.** degli	**b.** sugli	**c.** agli
28.	**a.** i	**b.** gli	**c.** il
29.	**a.** che	**b.** se	**c.** bene
30.	**a.** andata	**b.** stata	**c.** avuto
31.	**a.** per	**b.** con	**c.** da
32.	**a.** viventi	**b.** umani	**c.** naturali

A.5 Completi le frasi con i pronomi opportuni.

33. Se vi piacciono gli spaghetti, ________________ preparo subito.

34. Simona ha dimenticato qui la sua borsa e adesso ________________ devo riportare.

35. Se ti va di vedere la partita, ________________ possiamo vedere insieme a casa mia.

36. Non vi preoccupate, la torta ________________ portiamo noi! Voi pensate alle bevande.

37. Abbiamo saputo che domani ci sarà l'esame, ________________ ha detto Fabio.

B. PROVA DI PRODUZIONE DI TESTI SCRITTI

B.1 Risponda al questionario.

Il Natale si festeggia il 25 dicembre ed è la festa più importante in Italia. Con il Natale si celebra la nascita di Gesù. Le famiglie, in questo giorno, si riuniscono, cucinano molte cose da mangiare, giocano e si scambiano i regali. La preghiamo di rispondere alle domande:

1. Cosa Le piace in particolare del Natale?

    ____

    ____

2. Preferisce passare il Natale a casa o in vacanza? Se in vacanza, dove andrà?

    ____

    ____

3. Le piace fare regali o riceverli?

    ____

    ____

4. Cosa Le piacerebbe ricevere in particolare?

    ____

    ____

5. Cosa regalerà ai Suoi migliori amici?

    ____

    ____

6. E ai Suoi genitori?

    ____

    ____

7. Di solito in casa preferisce addobbare l'Albero di Natale o il Presepe?

    ____

    ____

8. Le piace l'atmosfera natalizia? Perché?

    ____

    ____

9. Quale desiderio vorrebbe che si realizzasse per Natale?

    ____

    ____

B.2 **Scriva un annuncio.** (Usi circa 50 parole)

Lei mette in vendita libri originali sullo stilista Gianni Versace e registrazioni televisive di sue sfilate, precedenti alla sua scomparsa. Scrive, perciò, un annuncio su una rivista italiana.

Nell'annuncio
- descrive brevemente gli oggetti che vende;
- spiega a quale prezzo è disposto/a a venderli;
- indica come comunicare con Lei.

B.3 **Scriva una e-mail.**

Ha appena comprato nuovi abiti per la stagione che arriva. Scrive al Suo migliore amico/alla Sua migliore amica una e-mail in cui

- descrive gli abiti che ha comprato;
- parla delle cose interessanti che ha visto in giro per i negozi;
- descrive di quegli abiti che non Le sono piaciuti.

(Da un minimo di 90 a un massimo di 100 parole)

20 MINUTI

TEST 7

CELI 2

CERTIFICATO DI CONOSCENZA DELLA LINGUA ITALIANA

Livello B1

C **Prova di Comprensione dell'Ascolto** *(40 punti)*

Nome e Cognome dello studente

Data

Traccia 25 AUDIO

C.1 **Dopo aver ascoltato i messaggi pubblicitari, segni con una X la lettera a, b o c che corrisponde all'affermazione precisa tra le tre che Le vengono proposte.**

(I testi verranno ascoltati due volte)

1. **Il concorso internazionale della Rosa**
   a. ha sempre una grande affluenza di pubblico.
   b. ha avuto pochi visitatori.
   c. ha assegnato un premio a Fiona May.

2. **La maglieria Merino**
   a. è di cotone leggero e morbido.
   b. è comoda da indossare.
   c. usa lane di ottima qualità.

3. **I nuovi televisori**
   a. sono continuamente controllati.
   b. si vedranno perfettamente anche durante il giorno.
   c. saranno forniti anche di una lampada per la notte.

4. **I divani presentati**
   a. sono prodotti in serie in industrie ad alta tecnologia.
   b. sono tutti di stile moderno.
   c. sono di alta qualità.

Traccia 26 AUDIO

C.2 **Dopo aver ascoltato i testi, segni con una X la lettera a, b o c che corrisponde all'affermazione precisa tra le tre proposte.**

(I testi verranno ascoltati due volte)

5. **Il cavolo**
   a. è un alimento che in Italia costa molto.
   b. è coltivato nell'Italia del Nord.
   c. contiene vitamine.

6. **Nella notte di Capodanno**
   a. è pericoloso usare i fuochi pirotecnici.
   b. solo la città di Roma sarà illuminata dai fuochi d'artificio.
   c. i romani si ritroveranno in discoteca.

7. **Il Sindaco di Venezia**
   a. ha presentato un progetto per salvare la città.
   b. ha invitato tutti gli italiani ad aiutare a salvare la città che affonda.
   c. ha chiesto di proteggere la città dall'assalto dei turisti.

8. **I giovani**
   a. devono fare il servizio militare al compimento della maggiore età.
   b. possono rinviare il servizio militare per motivi di studio.
   c. devono rispettare le regole.

C.3 Ascolti i due testi.

1° testo

Traccia 27

Il testo tratta dei diplomi di creatività. Non tutte le affermazioni da 9 fino a 23 sono presenti nel testo. Indichi, nel foglio delle risposte, le affermazioni presenti nel testo, con una X nei ☐.

(Il testo verrà ascoltato una volta)

9. se un ragazzo è bravo segue i corsi di disegno
10. i corsi di formazione sono per tutti
11. chi li frequenta ottiene un diploma
12. un lavoro creativo non è quello del ceramista
13. un altro campo da valutare
14. le professioni più richieste sono altre
15. i corsi più seguiti sono quelli biennali
16. si imparano professioni comuni
17. chi è interessato al mondo dello spettacolo
18. con il cinema non si trova un impiego
19. la scuola è organizzata in un triennio di base
20. chi vuole ottenere la maturità segue solo un biennio
21. tre gli indirizzi a disposizione
22. non ci sono novità interessanti
23. l'operatore multimediale non è uno specialista

Traccia 28 AUDIO

2° testo

Il testo tratta di un'esperienza teatrale nella scuola elementare. Non tutte le affermazioni da 24 fino a 33 sono presenti nel testo. Indichi, nel foglio delle risposte, le affermazioni presenti nel testo, con una X nei ☐.

(Il testo verrà ascoltato due volte)

24. Alcune maestre hanno mostrato ai loro alunni degli spettacoli a scopo didattico.

25. Le maestre hanno raccontato antiche favole ai bambini.

26. Ogni spettacolo è formato da due parti della stessa durata.

27. I bambini possono giocare con le marionette, pupazzi e diapositive.

28. I piccoli dopo lo spettacolo possono fare delle domande.

29. Nonna Natalina porta ai nipoti milanesi prodotti naturali.

30. Gli alunni durante l'incontro hanno appreso quali oggetti si usavano in passato in campagna.

31. I piccoli hanno fatto con la plastilina i prodotti della campagna e non solo.

32. Nonna Natalina ha detto che Milano oggi è diversa dal passato.

33. Gli spettacoli sono stati semplificati per i bimbi più piccoli.

10 MINUTI

TEST 7

CELI 2

CERTIFICATO DI CONOSCENZA DELLA LINGUA ITALIANA

Livello B1

Prova di Produzione Orale *(40 punti)*

Lo/la studente/essa terrà una conversazione con il/la suo/a insegnante dimostrando di

A saper parlare di sé
B sapersi esprimere in alcune situazioni
C descrivere foto o illustrazioni

Nome e Cognome dello studente

____

____

Data

____

____

CELI 2

A **Lo/la studente/essa deve essere in grado di tenere una breve conversazione con il/la suo/a insegnante sugli elementi essenziali per presentarsi.**

B **Lo/la studente/essa deve svolgere il seguente compito comunicativo in una conversazione faccia a faccia con il/la suo/a insegnante.**

La persona della fotografia chiede perdono. Si trova in compagnia di un /un' amico/a che sostiene che non perdonerebbe mai nessuno. Lei spiega in quali situazioni chiederebbe perdono a qualcuno e in che modo.

C **Lo/La studente/essa deve saper descrivere le foto e l'insegnante sollecitarlo/la nell'esposizione.**

2 ORE

TEST 8

CELI 2

CERTIFICATO DI CONOSCENZA DELLA LINGUA ITALIANA

Livello B1

A	**Prova di Comprensione della Lettura**	*(40 punti)*
B	**Prova di Produzione di Testi Scritti**	*(40 punti)*

Nome e Cognome dello studente

____

____

Data

____

____

A. PROVA DI COMPRENSIONE DELLA LETTURA

A.1 **Legga i testi. Indichi con X la lettera a, b o c corrispondente all'affermazione o alla risposta esatta tra le tre proposte.**

1. Utilizzo abitualmente il telefono per comunicare a Italia Energia Clienti l'esatto consumo del gas. Ho fatto così anche questo mese di novembre. Sono rimasta sorpresa dalla nuova linea che l'interlocutore, attraverso il messaggio registrato, ha verso noi utenti, cioè il tono confidenziale, dandoti del tu,con cui chiede ciò che devi fare digitando i vari numeri sulla tastiera del telefonino. Credo di essere abbastanza moderna, ma il fatto di trattare i clienti con questa confidenza non lo trovo di buon gusto. Forse aiuta a digerire meglio il caro-gas?

La persona che ha scritto la lettera

a. si lamenta dell'aumento della bolletta del gas.
b. è rimasta colpita dal tono amichevole dell' interlocutore, quando ha telefonato al servizio clienti di Italia Energia.
c. chiede che i clienti vengano trattati con buon gusto.

2. Finalmente il governo ha avuto il coraggio di accettare le dimissioni del prefetto che voleva fare una mega discarica a due passi da Pompei. Per una volta hanno vinto la ragione e le posizioni a difesa dell'ambiente e del nostro patrimonio culturale. Però se non si faranno in fretta i termovalorizzatori, che non vuole nessuno, i rifiuti diventeranno più alti degli alberi perché non esistono discariche profumate. La decisione del governo deve andare avanti e salvare Pompei non solo dalla discarica ma anche dall'abbandono in cui si trova insieme a quasi tutti gli altri siti archeologici della regione.

L'autore della lettera spera che

a. sia avviata al più presto la raccolta dei rifiuti.
b. Pompei diventi un centro culturale e archeologico.
c. non ci saranno colline di spazzatura.

3. Sono stata a Capalle alla vendita di Dach Jeans. Una cosa incredibile, nemmeno in tempo di guerra penso la gente abbia fatto 7 ore di fila per acquistare dei vestiti. A me è successo ieri pomeriggio! Una scena incredibile, migliaia in attesa davanti a tre casse che funzionavano con interruzioni continue. Forze dell'ordine praticamente assenti (c'erano un paio di poliziotti con l'aria seccata che non hanno fatto assolutamente niente). Bagni inutilizzabili, uscite di emergenza inesistenti ecc. ecc. Ma gli organizzatori in che mondo vivono? Potevano immaginare che arrivassero tante persone (c'era gente che veniva dalle parti più disparate della Toscana e dell'Emilia) e di conseguenza dovevano organizzare le cose in modo da diminuire i disagi al minimo.

Nella lettera si parla

a. di una esposizione di abiti moderni.
b. di come sviluppare servizi che funzionano in un centro commerciale.
c. del mancato intervento della polizia.

4. Spesso gli imprenditori sono persone poco morali: fare soldi sembra essere il loro obiettivo e chi aiuta il prossimo è sempre il povero. Invece un imprenditore ha regalato 5 milioni ai dipendenti che hanno aiutato l'azienda a crescere. Finalmente una bella vicenda. Si spera che il nobile gesto diventi in futuro una strategia di molte aziende, per ricordare che anche il profitto ha degli ideali.

L'autore della breve lettera sostiene che

a. molti imprenditori hanno manifestato la voglia di aiutare i poveri.
b. difficilmente le persone ricche aiutano le più povere.
c. lo Stato ha incoraggiato quegli imprenditori che hanno un ideale.

5. Basta con le modelle da copertina: da oggi sulla rivista Donna vedrai solo donne vere, come te. Mandaci le tue fotografie o il tuo video, mentre sorridi, pensi, piangi, insomma mostraci le tue emozioni e potrai essere tu la protagonista dei nostri servizi. Ogni settimana la redazione di Donna sceglierà tra di voi i volti del numero in edicola. Cosa aspetti? Partecipa subito perché da oggi con Donna niente trucchi, solo donne! E se sei troppo timida per partecipare al casting dì la tua e vota chi vorresti vedere sulle pagine di Donna!

Il breve annuncio invita le lettrici della rivista a

a. esprimere la propria opinione.
b. scattare molte fotografie per pubblicarle.
c. a essere naturali davanti all'obiettivo della macchina fotografica.

6. Una giovane scrittrice a quale dei seguenti concorsi parteciperebbe?

1. Conoscere la scienza attraverso l'arte

Arriva ISWA, il concorso che intende stimolare la curiosità e coinvolgere i giovani nella scienza attraverso l'arte. Il suo obiettivo è presentare la scienza nei suoi aspetti creativi ed emozionali, mostrandone il collegamento con l'arte. I giovani (14-20 anni), provenienti da tutti gli Stati membri UE e dalla Federazione Russa, sono invitati a presentare i loro lavori entro il 31 ottobre. Il bando prevede la creazione di un'opera artistica in una delle seguenti categorie: cinema, arte contemporanea, danza moderna, immagine, letteratura, nelle quali è possibile partecipare individualmente o in gruppo.

2. Benvenuti nel mondo di 7 miliardi di video!

Lo sapevate che la popolazione mondiale ha raggiunto i sette miliardi di persone? Quanto la sovrappopolazione influenza la tua vita e il tuo quartiere? Quali sono le conseguenze immediate sul nostro ambiente? E in futuro? Vuoi far sentire la tua voce? Crea un video di 30-45 secondi di Annuncio di Pubblico Servizio, che illustri il collegamento tra la popolazione mondiale arrivata a 7 miliardi e i seguenti tre temi: sicurezza alimentare, condizione globale di donne e ragazze, habitat naturale. Possono partecipare al concorso tutti gli studenti delle scuole superiori.

3. CLICK - Concorso fotografico mondiale

Un concorso fotografico sul mondo che cambia, un mosaico di immagini da tutti gli angoli della terra per mostrare in che modo le comunità locali e le persone lottano per la sopravvivenza in questa società che cambia un pò ogni giorno. Il concorso è organizzato dal Centro Europeo di Giornalismo. Un'organizzazione internazionale, senza scopo di lucro dedicato al raggiungimento dei più elevati standard in giornalismo, in primo luogo attraverso la formazione continua dei giornalisti e professionisti dei media.

a. Al concorso indicato con il numero 1.
b. Al concorso indicato con il numero 2.
c. Al concorso indicato con il numero 3.

7. Come ogni anno con le festività gli animali rischiano di essere trasformati in regali natalizi che poi corrono il rischio di finire al canile municipale poche settimane dopo l'apertura dei pacchi. A Natale non regalate animali, portate invece nelle vostre famiglie un animale abbandonato, facendogli sentire tutto l'affetto e tutto l'amore di una vera famiglia, nel pieno spirito natalizio. Prendersi cura di un animale non è un gesto che può essere fatto con superficialità, ma siate certi che il cane o gatto che sia saprà ricambiare il vostro impegno.

L'autore della breve e-mail parla di cagnolini che molte volte

a. hanno bisogno di dare tanto affetto.
b. vengono abbandonati.
c. ci insegnano il valore della responsabilità.

A.2 **Legga il testo. Indichi, nel foglio delle risposte, le affermazioni presenti nel testo, con una X nei ☐.**

Breve storia dei coriandoli

Il lancio di oggetti sulla folla durante i festeggiamenti di Carnevale è una pratica molto antica. Già nei cortei in maschera del Cinquencento (1500) venivano lanciati dai carri fiori e confetti e alle donne gusci d'uovo pieni di profumi ed essenze.

Nel Settecento iniziarono a spopolare piccoli confetti di zucchero con un seme di coriandolo al loro interno. Questi confetti vennero con gli anni sostituiti da confetti bianchi di uguale aspetto ma di gesso. Nella maggior parte delle lingue, non a caso, i coriandoli vengono chiamati "confetti". Successivamente i confetti vennero sostituiti da piccole monete che spesso venivano riscaldate prima del lancio giocando, così, un brutto scherzo a chi li avesse raccolti per strada. I coriandoli di carta nacquero però solo nel 1875 grazie ad un'idea dell'ingegner Enrico Mangili di Crescenzago (Milano). L'ingegnere li realizzò a partire dalle carte traforate usate per l'allevamento dei bachi da seta. La moda dei coriandoli di carta si diffuse poi da Milano in tutta l'Italia. L'ingegnere milanese divide però la partenità dell'invenzione con un altro ingegnere di Trieste, Ettore Fenderl che, durante i festeggiamenti del Carnevale del 1876, ritagliò dei triangolini di carta in alternativa a quelli di gesso che erano troppo cari.

8. In passato a Carnevale si lanciavano gusci d'uovo per "profumare" le donne.
9. Al posto dei fiori qualcuno preferì usare piccoli confetti di zucchero colorato.
10. L'abitudine di lanciare i coriandoli per strada è una moda nata in oriente.
11. I confetti divennero monete riscaldate per scherzare.
12. Con il passare degli anni si cominciarono a usare coriandoli di carta.
13. Durante le feste di Carnevale molti regalavano fiori alle ragazze.
14. I confetti di gesso non si usavano più perché erano costosi.
15. Con il passare degli anni alcuni hanno sostituito le monete con piccoli confetti di seta.
16. I giovani vestiti in maschera raccoglievano le monete che gli venivano lanciate.
17. Nei primi anni era vietato l'uso dei coriandoli per strada.

A.3 Completi le frasi scegliendo la parola opportuna tra le quattro proposte.

18. I miei cugini si sono trasferiti in un'altra città ______________ potrò vederli raramente.
    a. allora b. mentre c. invece d. perciò

19. ______________ oggi c'è il sole propongo di andare tutti al campeggio.
    a. come b. quando c. oppure d. dato che

20. __________ domani è domenica è inutile andare dal barbiere a farsi il taglio dei capelli.
    a. anche se b. dopo che c. siccome d. pertanto

21. Non mi arrenderò agli avversari ______________ avrò fiato per correre!
    a. *ossia* b. finché c. senza che d. dunque

22. Non abbiamo potuto vedere il film, ______________ la sala del cinema era troppo piena.
    a. che b. così c. perché d. appena

A.4 Completi il testo scegliendo la parola opportuna tra le tre sottostanti.

Nell' odio fra ex innamorati a farne le spese è il cane

Attivisti di "100% animalisti" sono tornati in azione sabato pomeriggio a Rubano, mettendo (**23**) ________________ atto una protesta davanti al condominio (**24**) ________________ uomo che ha ottenuto dal Tribunale la possibilità di riprendersi (**25**) ________________ cane Labrador di nome Jack che (**26**) ________________ regalato alla fidanzata. L'individuo non nutre alcun affetto o interesse per il cane tanto è vero che (**27**) ________________ lascia per giornate solo e (**28**) ________________ nel suo appartamento, con le serrande abbassate. È mosso solo dal desiderio di punire la (**29**) ________________ ex compagna, alla quale Jack è profondamente affezionato.

La vicenda del Labrador ha inizio nell'ottobre scorso, quando l'uomo decide di regalarlo alla (**30**) ________________ La relazione però finisce e l'uomo (**31**) ________________ la restituzione del cane. Segue un percorso tra denuncie, sequestri e l'intervento del giudice, che assegna alla ragazza il Labrador fino al 29 novembre. Quel giorno però l'uomo (**32**) ________________ presenta dalla ex e si fa consegnare il cane. Gli animalisti sono intenzionati a proseguire nella loro azione finché l'uomo non si convincerà che il benessere del cane è più importante della sua vendetta.

23.	**a.** per	**b.** nell'	**c.** in
24.	**a.** di	**b.** del	**c.** dell'
25.	**a.** lo	**b.** il	**c.** la
26.	**a.** aveva	**b.** avrà	**c.** avendo
27.	**a.** il	**b.** ne	**c.** lo
28.	**a.** coperto	**b.** chiuso	**c.** spento
29.	**a.** sua	**b.** tua	**c.** mia
30.	**a.** moglie	**b.** fidanzata	**c.** signora
31.	**a.** chiede	**b.** domanda	**c.** chiama
32.	**a.** lo	**b.** la	**c.** si

A.5 Completi le frasi con i pronomi opportuni.

33. Se sei uscita con pochi soldi, non ti preoccupare perché ________________ presto io.
34. ________________ piacciono molto le lasagne, ma non so come si cucinano.
35. Domani parlo con Teresa e ________________ chiedo se ha visto il film.
36. Ho ordinato un gelato e il cameriere ________________ ha portato dopo mezz'ora!
37. I tuoi occhiali da sole sono molto belli,________________ fai provare?

B. PROVA DI PRODUZIONE DI TESTI SCRITTI

B.1 **Risponda al questionario.**

La nota "Nicorette" cerca il metodo più adatto per convincere i lettori a smettere di fumare. A tale scopo ha preparato il seguente questionario:

1. Conosce persone che fumano? Lei fuma?

____

____

2. A che età di solito si comincia e per quali motivi?

____

____

3. Secondo Lei, quante sigarette una persona può fumare in media senza correre pericoli?

____

____

4. Oggi molte donne fumano. È un segno di emancipazione o di nervosismo?

____

____

5. Conosce le malattie che provoca il fumo?

____

____

6. Di solito, che età hanno le persone che vanno in palestra?

____

____

7. Quando vicino a Lei c'è una persona che fuma, come reagisce?

____

____

8. È giusto proibire il fumo con una legge?

____

____

9. Cosa possiamo fare per aiutare le persone a non fumare?

____

____

B.2 **Scriva un annuncio.** (Usi circa 50 parole)

Lei ha dei mobili praticamente nuovi (solo 5 anni): un tavolo in cristallo, sei sedie laccate nere, un mobile da soggiorno componibile, laccato bianco. Scriva un annuncio su una rivista italiana per venderli o scambiarli per motivi di trasloco.

Nell'annuncio
- descrive i mobili;
- spiega con cosa è disposto/a a scambiarli o a quale prezzo li vende;
- indica come comunicare con Lei.

B.3 **Risponda a una e-mail.**

Un amico/un'amica che vive in una piccola città di provincia Le ha scritto che probabilmente verrà a vivere nella Sua città. Risponda all'amico/amica.

Nella e-mail
- parli dei vantaggi e degli inconvenienti della vita in una grande città;
- descriva le cose più interessanti da fare nella Sua città;
- parli di quello che non le piace della Sua città.

(Da un minimo di 90 a un massimo di 100 parole)

20 MINUTI

TEST 8

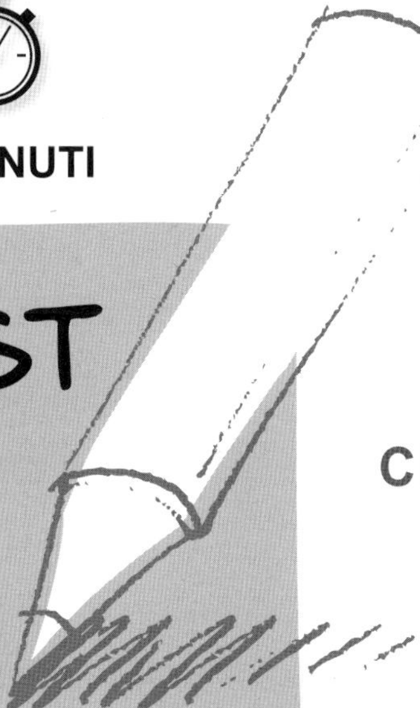

CELI 2

CERTIFICATO DI CONOSCENZA DELLA LINGUA ITALIANA

Livello B1

C **Prova di Comprensione dell'Ascolto** *(40 punti)*

Nome e Cognome dello studente

Data

Traccia 29 AUDIO

C.1 **Dopo aver ascoltato i messaggi telefonici, segni con una X la lettera a, b o c che corrisponde all'affermazione precisa tra le tre che Le vengono proposte.**

(I testi verranno ascoltati due volte)

1. **L'impiegato dell' agenzia viaggi telefona dicendo che**
   a. la gita durerà un solo giorno.
   b. occorre prenotare il posto sul pullman entro le sette di domenica mattina.
   c. è obbligatoria la prenotazione.

2. **L'autore della telefonata**
   a. fissa un appuntamento per andare al ristorante.
   b. telefonerà più tardi.
   c. propone all'amica di andare con lei al ristorante.

3. **Marina vuol ricordare a Giulio**
   a. di andare all'Università.
   b. di telefonare all'Università.
   c. che hanno un appuntamento davanti all'Università.

4. **La persona che telefona**
   a. vuole prendere in affitto un appartamento.
   b. vuole mettere un annuncio sul giornale per affittare un appartamento.
   c. è interessata a un appartamento più grande.

Traccia 30 AUDIO

C.2 **Dopo aver ascoltato i testi, segni con una X la lettera a, b o c che corrisponde all'affermazione precisa tra le tre proposte.**

(I testi verranno ascoltati due volte)

5. **L'avviso indica che**
   a. è pericoloso guidare.
   b. la nebbia crea problemi alla circolazione.
   c. è opportuno telefonare al servizio meteorologico prima di mettersi in viaggio.

6. **L'avviso indica che**
   a. molti giovani italiani passeranno il Capodanno a Milano.
   b. gli alberghi di Milano ospiteranno per il Capodanno molti ragazzi stranieri.
   c. la comunità Taizè accoglie giovani che vogliono fare i volontari.

7. **L'avviso indica che alcuni abbonati del servizio telefonico**
   a. hanno ricevuto una multa perché non erano in regola con l'abbonamento.
   b. usavano telefoni non regolari.
   c. avevano fatto l'abbonamento prima del 21 aprile 1995.

8. **Le regole approvate dall'Unione Europea**
   a. vietano l'uso di materiali non naturali nella produzione di materassi.
   b. garantiscono un sonno naturale.
   c. garantiscono l'alta qualità dei materassi.

C.3 **Ascolti i due testi.**

Traccia 31 AUDIO

1° testo.

Il testo tratta dell'uso del denaro elettronico. Non tutte le affermazioni da 9 fino a 23 sono presenti nel testo. Indichi, nel foglio delle risposte, le affermazioni presenti nel testo, con una X nei ☐.

(Il testo verrà ascoltato una volta)

9. le banconote sono sempre più sporche
10. come quelle di una vita senza denaro
11. anni fa non c'era denaro contante
12. i giornali hanno dedicato intere pagine
13. il denaro elettronico sembrava perdere posto
14. il problema è la gente
15. ben poche persone vogliono usarlo
16. gli abitanti di Hong Kong ne sembrano entusiasti
17. sono interessati alle novità
18. i consumatori non desiderano un futuro senza contanti
19. l'idea è intelligente
20. la maggior parte era interessata ad averne una
21. più della metà desiderava una carta intelligente
22. il denaro elettronico non dà soluzioni
23. per convincere i consumatori a farlo

Traccia 32 AUDIO

2° testo

Il testo consiglia come proteggere i capelli d'inverno. Non tutte le affermazioni da 24 fino a 33 sono presenti nel testo. Indichi, nel foglio delle risposte, le affermazioni presenti nel testo, con una X nei ☐.

(Il testo verrà ascoltato due volte)

24. D'inverno non bisogna pettinarsi.

25. Quando fa freddo i capelli non crescono.

26. Ci sono dei modi efficaci per proteggere i capelli.

27. Lavaggi frequenti nel periodo invernale non sono consigliabili.

28. Bisogna usare solo lo shampoo che contiene alcuni particolari ingredienti.

29. Se c'è vento, meglio coprirsi con un abbigliamento adatto.

30. È utile indossare un copricapo per proteggere i capelli.

31. In inverno fa freddo e non bisogna andare a passeggio.

32. Per asciugarci i capelli possiamo usare un'asciugamano.

33. È meglio evitare di usare la spazzola se abbiamo i i capelli deboli.

10 MINUTI

TEST 8

CELI 2

CERTIFICATO DI CONOSCENZA DELLA LINGUA ITALIANA

Livello B1

Prova di Produzione Orale *(40 punti)*

Lo/la studente/essa terrà una conversazione con il/la suo/a insegnante dimostrando di

A saper parlare di sé
B sapersi esprimere in alcune situazioni
C descrivere foto o illustrazioni

Nome e Cognome dello studente

____

____

Data

____

____

CELI 2

A **Lo/la studente/essa deve essere in grado di tenere una breve conversazione con il/la suo/a insegnante sugli elementi essenziali per presentarsi.**

B **Lo/la studente/essa deve svolgere il seguente compito comunicativo in una conversazione faccia a faccia con il/la suo/a insegnante.**

Una sua amica ha in casa un pesciolino rosso, ma non terrebbe mai un cane o un gatto. Lei non è d'accordo ed espone il suo punto di vista sugli animali domestici (vantaggi, svantaggi, problemi, ecc.).

C **Lo/la studente/essa deve saper descrivere le foto e l'insegnante sollecitarlo/la nell'esposizione.**

2 ORE

TEST 9

CELI 2

CERTIFICATO DI CONOSCENZA DELLA LINGUA ITALIANA

Livello B1

A	**Prova di Comprensione della Lettura**	*(40 punti)*
B	**Prova di Produzione di Testi Scritti**	*(40 punti)*

Nome e Cognome dello studente

____

____

Data

____

____

A. PROVA DI COMPRENSIONE DELLA LETTURA

A.1 **Legga i testi. Indichi con X la lettera a, b o c corrispondente all'affermazione o alla risposta esatta tra le tre proposte.**

1. Gentile direttore, sono una persona anziana che forse fa fatica a adattarsi ai modi della società moderna ma che rifiuta di passare le sue giornate dicendo che ai suoi tempi le cose andavano meglio. Però vedo in giro una grande maleducazione forse colpa di noi adulti che non insegniamo le cose ai giovani, come ad esempio far sedere le signore in autobus. Vedo ragazzi dare pacche sulle spalle alle amiche che noi non trattatavamo mai come camerati di caserma. Anche gli amici dei miei nipoti che non ho mai visto quando mi salutano dicono "ciao". Non Le sembra che forse sarebbe il caso di tornare a regole più severe?

   La persona che ha scritto questa breve lettera chiede
   a. che la scuola insegni anche a non essere maleducati.
   b. ai genitori di mostrare ai propri figli l'importanza della buona educazione.
   c. più regole nell'educazione dei giovani.

2. Sono una piccola commerciante ma ancora per poco tempo. Perché? Glielo spiego subito: la nuova legge mi ha rovinato. Perché non ce la faccio più ad andare avanti! Se pago una bolletta, non ne posso pagare un'altra. Ho preso dei prestiti, non sono serviti a niente. Anzi, solo a peggiorare! Ora, si parla tanto di gente che non paga le tasse, ma non si rendono conto a cosa ci hanno portato!? Solo rovina. Ogni giorno vedo tante saracinesche abbassarsi, tanti sogni svanire, tante difficoltà crescere. A questa Italia che paga la crisi in silenzio, il governo, o ciò che resta, dovrebbe dare una maggiore attenzione. Senza dubbio. Dovrebbe alleggerire il peso delle tasse, preparare un orizzonte di crescita, di ripresa, di fiducia. Dovrebbe fare, insomma, ciò che fino ad ora non ha fatto.

   L'autrice della lettera è preoccupata del fatto che
   a. molti negozianti non pagano le tasse.
   b. molti negozi chiudono.
   c. manca la fiducia nel futuro.

3. Test di ingresso di Medicina, ragazzi che non dormono, sofferenti, perché devono sottoporsi quasi a una lotteria, dopo 5 anni di scuola superiore, spesso con ottimi esiti, senza poi potersi iscrivere alla facoltà che desiderano. Speranze deluse, frustrazioni, senza una vera selezione di orientamento e senza considerare i percorsi scolastici dei ragazzi, con la consapevolezza di perdere degli ipotetici futuri medici, per non avere superato un test di 120 minuti. Vorrei che andasse bene a tutti i nostri figli, per non dover star male assieme a loro, sempre più delusi da questo Paese.

Nella lettera un genitore ha paura che suo figlio

a. non supererà gli esami di ammissione.
b. diventerà un medico deluso.
c. non potrà studiare quello che gli piace di più.

4. Gli uffici pubblici dovrebbero essere a disposizione dei cittadini, invece hanno orari di apertura improponibili. Alcuni uffici, ad esempio, aprono alle 9.30 e chiudono alle 11! Per usufruire dei servizi pubblici occorre quindi chiedere permessi dal proprio lavoro, mentre basterebbe adeguare gli orari alle esigenze dei cittadini, con risparmio di tempo e di danaro.

L'autore della breve lettera, chiede che chi ha bisogno dei servizi pubblici

a. non debba più assentarsi dal lavoro.
b. abbia l'opportunità di usare internet.
c. possa farlo gratis.

5. Yukti è un marchio che si occupa di benessere e bellezza rispettando la natura e inserendosi nell'ecosistema con una particolare attenzione all'equilibrio naturale. La cura dei prodotti è decisamente green: sempre e solo materiali riciclati e riciclabili per i flaconi ma soprattutto materie prime rigorosamente vegetali nel rispetto dell'ambiente.
Oli essenziali purissimi, prodotti per capelli, per la cura della pelle e del viso (che adoriamo!), cura di sè e attenzione verso la conoscenza di se stessi. Se anche voi desiderate provare l'esperienza Yukti potete cercare tra l'elenco dei saloni dislocati in Italia quello che fa il caso vostro. Non ve ne pentirete!

Secondo il breve annuncio i prodotti Yukti

a. sono fatti con sostanze che provengono dalle piante.
b. aiutano a combattere l'inquinamento della natura.
c. si possono comprare solo in farmacia.

6. Una persona appassionata di spettacoli teatrali religiosi in quale di queste città andrebbe?

1. La macchina di Santa Rosa

La macchina di Santa Rosa consiste in una torre illuminata da fiaccole e luci elettriche, realizzata con una struttura interna in metallo e materiali moderni come ad esempio la vetroresina, alta circa trenta metri e pesante cinque tonnellate. La sera del 3 settembre di ogni anno viene sollevata e portata a spalla da un centinaio di robusti uomini detti "Facchini" lungo un percorso di poco più di un chilometro, lungo le vie, talvolta molto strette, e le piazze del centro cittadino, tra ali di folla in delirio con l'animo sospeso tra emozione, gioia e anche un certo timore.

2. L'Infiorata

In occasione della festività cattolica del Corpus Domini, via Vito Belardi che dalla piazza principale si affaccia sulla piazza della chiesa di Santa Maria della Cima, viene interamente ricoperta di fiori e foglie su una superficie di circa 2.000 metri quadrati. Al tramonto, al rintocco delle campane, sulla porta della chiesa appare il Vescovo e lentamente la processione scende lungo il percorso fiorito fino alla chiesa dove si celebra la solenne funzione religiosa.

3. I misteri di Santa Cristina

La sera del 23 luglio, dopo la solenne processione, si può vedere a Bolsena uno spettacolo raro e affascinante. In vari punti della città, vengono realizzati dei Quadri Plastici che ricordano gli episodi più importanti della vita e delle sofferenze della giovane fanciulla. La manifestazione si conclude la sera del 24, con una tombola a premi e un fantastico spettacolo pirotecnico che illumina con una pioggia di colori e cascate di stelle le acque del lago.

a. Nella città indicata con il numero 1.
b. Nella città indicata con il numero 2.
c. Nella città indicata con il numero 3.

7. Campioni nell'arte di arrangiarsi. Succede quando la crisi morde e quattro famiglie su dieci fanno fatica. Il fai-da-te del risparmio, dalla spesa alla badante, ha scoperto in tempo di crisi e di Internet nuove formule e rilanciato vecchie abitudini. Come il baratto. Che oggi si chiama swapping. Una grande mano la dà Internet. Chi non baratta può vendere l'usato che si compra via web ma anche negli oltre 3.500 mercatini e negozi con il "conto vendita", cioè l'incasso diviso a metà tra vecchio proprietario e commerciante. C'è anche chi risparmia con il fai-da-te. Oltre 21 milioni di italiani dichiarano che per risparmiare sugli alimenti, preparano in casa yogurt, pane, pasta, gelato o conserve.

Secondo l'autore della breve lettera è possibile

a. vendere nei negozi ricevendo la metà del guadagno.
b. risparmiare comprando su internet.
c. fare economia grazie alle vecchie abitudini.

A.2 **Legga il testo. Indichi, nel foglio delle risposte, le affermazioni presenti nel testo, con una X nei □.**

Si deve sempre essere onesti?

Qui puoi leggere la risposta che Cinzia F. ha dato sulla rivista a Nadia. Se sei onesto significa che hai una tua idea di ciò che è "bene" e agisci in base a quella. Sì, ma che cos'è il bene? Secondo Salvatore Natoli, un filosofo tuttora vivente, è la capacità di migliorarsi fino a raggiungere la propria, personale perfezione e l'onestà, in questo senso, sarebbe utile proprio perché consente alle persone di diventare migliori. Molti pensatori, come Spinoza, sostengono che tutti nasciamo con un

naturale desiderio di potenza: una specie di energia che ci spinge a creare e che può essere usata per realizzare cose belle e utili (arte, scienza...) ma che, se non è adoperata con cura, può anche farci diventare egoisti e avidi. Quando si è cominciato a intuire che questa energia di cui tutti disponiamo può essere usata per scopi positivi ma anche negativi, si è capito che, per sopravvivere a se stessi e agli altri, tutti avrebbero dovuto darsi delle regole di convivenza. L'onestà nasce così, come un modo per garantire a tutti di vivere senza che gli altri "se ne approfittino".
Nietzsche direbbe che queste regole sociali reprimono la nostra energia e limitano la nostra voglia di vivere. Se però ha ragione Natoli e "fare il bene" significa anche migliorare se stessi, allora essere onesti non sarebbe un limite ma, anzi, un vantaggio. Un esempio? Se copi il compito, fai contenta la prof e i tuoi genitori ma, in realtà, in questo modo ti togli la possibilità di imparare, di perfezionarti e questo, alla fine, danneggia te.

8. È difficile essere onesti ai nostri giorni.
9. Alle radici dell'onestà c'è un comportamento in armonia con il proprio punto di vista.
10. Una persona onesta cerca sempre di diventare migliore.
11. Molti diventano aggressivi perché non possono controllare i propri desideri.
12. Migliorare il rapporto con gli altri ci aiuta a realizzare l'onestà dentro di noi.
13. Non si può vivere insieme agli altri senza rispettare le regole sociali.
14. L'onestà è un valore che possiamo riscoprire.
15. L'onestà difende la persona dall'egoismo dell'individuo.
16. A volte le regole sociali non ci permettono di fare quello che vogliamo.
17. La povertà è amica dell'onestà.

A.3 Completi le frasi scegliendo la parola opportuna tra le quattro proposte.

18. Mangio qualcosa ______________ aspetto che ritorni mia madre.
    a. dato che   b. allora   c. mentre   d. invece

19. Nonostante la pioggia è stata ______________ una bella giornata.
    a. oppure   b. pertanto   c. senza che   d. comunque

20. Non mi sembra giusto ______________ la mia mamma lavori così tanto in casa: voglio aiutarla!
    a. così   b. che   c. dopo che   d. anche

21. Mi piace tenermi in forma ______________ evito di mangiare dolci.
    a. mentre   b. perché   c. tuttavia   d. quindi

22. Ho la febbre, ______________ non verrò a scuola per un paio di giorni.
    a. perciò   b. ma   c. quando   d. però

A.4 Completi il testo scegliendo la parola opportuna tra le tre sottostanti.

Microchippa il tuo cane

Da lunedì 14 maggio (**23**) ________________ fine mese chi ha un cane potrà dotarlo di microchip, la (**24**) ________________ d'identità del pet, rivolgendosi agli ambulatori veterinari che applicheranno (**25**) ________________ scontate (30 euro), oppure potrà recarsi, sabato 19 maggio, (**26**) ________________ Parco Canile in via Aquila 82, per la microchippatura gratuita da parte (**27**) ________________ veterinari della Asl. Su una popolazione di cani di circa 120 mila unità, risultano regolarmente iscritti all'anagrafe solo 85 mila cani. Finita la campagna 'soft', l'assessore al Benessere e Qualità della Vita, Chiara B., (**28**) ________________ annunciato controlli sulla popolazione dei quattro (**29**) ________________ da parte della Polizia Locale. Microchippare i cani è il primo passo nella lotta ai cani senza padrone e all'abbandono per strada. Ma è anche garanzia (**30**) ________________ ritrovare il proprio animale in caso di smarrimento. Ogni anno a Milano, 400 cani tra quelli (**31**) ________________ entrano al Canile e quelli ritrovati per strada sono riconsegnati ai (**32**) ________________.

23.	**a.** a	**b.** per	**c.** di
24.	**a.** carta	**b.** atto	**c.** documentazione
25.	**a.** spese	**b.** tariffe	**c.** misure
26.	**a.** in	**b.** dal	**c.** al
27.	**a.** di	**b.** dei	**c.** i
28.	**a.** ha	**b.** è	**c.** sta
29.	**a.** piedi	**b.** gambe	**c.** zampe
30.	**a.** di	**b.** a	**c.** tra
31.	**a.** quali	**b.** che	**c.** chi
32.	**a.** signori	**b.** proprietari	**c.** titolari

A.5 Completi le frasi con i pronomi opportuni.

33. Questi libri sono tuoi o ________________ hanno prestati?

34. Ho scritto una lettera a Marco, ma non ________________ ha ancora risposto.

35. Se non potete o non volete venire a teatro con noi, ________________ dovete dire subito perché dobbiamo comprare i biglietti.

36. Non ti preoccupare Francesco, ________________ dico io cosa significa questa parola.

37. Bella questa foto, Francesca! Chi ________________ ha scattata?

B. PROVA DI PRODUZIONE DI TESTI SCRITTI

B.1 Risponda al questionario.

Al supermercato dove si è recato/a a fare la spesa, Le hanno consegnato il seguente questionario da compilare in tutte le sue parti:

1. Lei ama la natura? Le piace andare a caccia (o a pesca)?

____

____

2. Dopo un picnìc in campagna, raccoglie i rifiuti in sacchetti di plastica o li lascia lì?

____

____

3. Di solito beve bibite che sono in lattina o in bottiglie di plastica?

____

____

4. Dove getta le bottiglie di plastica?

____

____

5. Nella Sua città ci sono molti o pochi contenitori per la raccolta differenziata dei rifiuti?

____

____

6. Come reagisce quando vede qualcuno che getta per terra una bottiglia di plastica?

____

____

7. Secondo Lei, il riciclaggio della plastica può aiutare a difendere l'ambiente?

____

____

8. Per gli acquisti al supermercato è meglio usare sacchetti di plastica o di carta?

____

____

9. Quanti euro spende di solito quando va al supermercato?

____

____

La ringraziamo del prezioso contributo
Lega Ambientalista italiana

B.2 **Scriva un annuncio.** (Usi circa 50 parole)

Su una rivista italiana ha letto il seguente annuncio:

Vorrei scambiare opinioni con ragazzi dai 17 anni in su. Io sono una diciassettenne che frequenta la scuola media e si interessa di quello che succede nel mondo e delle diverse culture, soprattutto di arte e di musica. Luigia P. via Annunziata, 24 - 90056 Molfetta (BA).

Risponda all'annuncio con una breve lettera in cui

- si presenta brevemente;
- parla della musica che preferisce ascoltare e in generale di come trascorre il tempo libero;
- indica come corrispondere con Lei.

B.3 **Scriva una e-mail.**

Lei è appena tornato/a da un lungo viaggio in treno in un paese straniero. Un amico/un'amica Le ha scritto per sapere i particolari del viaggio. Risponda all'amico/amica.

Nella e-mail

- racconti i particolari del viaggio (in quale periodo dell'anno è partito/a, con chi, dove si è fermato/a);
- descriva le cose più interessanti che ha visto;
- parli di quello che non Le è piaciuto, durante il viaggio.

(Da un minimo di 90 a un massimo di 100 parole)

20 MINUTI

TEST 9

CELI 2

CERTIFICATO DI CONOSCENZA DELLA LINGUA ITALIANA

Livello B1

C Prova di Comprensione dell'Ascolto *(40 punti)*

Nome e Cognome dello studente

____

____

Data

____

____

CELI 2

Traccia 33 AUDIO

C.1 **Dopo aver ascoltato i messaggi pubblicitari, segni con una X la lettera a, b o c che corrisponde all'affermazione precisa tra le tre che Le vengono proposte.**

(I testi verranno ascoltati due volte)

1. **Le feste italiane**
   a. sono sempre accompagnate dallo spumante dolce.
   b. sono celebrate con piatti speciali.
   c. sono note in tutto il mondo.

2. **Quando apriamo spesso il rubinetto**
   a. consumiamo poca acqua.
   b. aumentiamo il costo dell'acqua.
   c. sprechiamo l'acqua che non è una risorsa illimitata.

3. **Il prodotto pubblicizzato**
   a. è utile, ma doloroso.
   b. protegge efficacemente da tutte le malattie.
   c. aiuta e difende il naso dalle forme allergiche.

4. **In Umbria**
   a. gli alberghi sono pronti a ricevere i turisti durante le feste natalizie.
   b. si affronta il Natale con generosità.
   c. i musei dispongono di grandi spazi espositivi.

5. **Corriere Prioritario**
   a. è un servizio postale in offerta.
   b. è un servizio per spedire saluti agli amici.
   c. è un servizio postale di consegna economico e rapido.

Traccia 34 AUDIO

C.2 **Dopo aver ascoltato i testi, segni con una X la lettera a, b o c che corrisponde all'affemazione precisa tra le tre proposte.**

(I testi verranno ascoltati due volte)

6. **Gli italiani**
   a. preferiscono vivere in case signorili.
   b. preferiscono quelle case che hanno tutte le comodità della vita moderna.
   c. non vogliono più vivere nella noia delle città di provincia.

7. **Secondo la notizia**
   a. la polizia ha messo in salvo una volpe.
   b. al rientro dopo le ferie natalizie una volpe è uscita dal negozio della signora Macelli.
   c. Annamaria Macelli fa la commessa in una piccola merceria.

8. **In fondo all'oceano Pacifico**
   a. è stato trovato un chicco di riso.
   b. sono stati trovati i segni del passaggio di alcuni dinosauri.
   c. è stato trovato un frammento di un asteroide.

9. **Giorgio De Chirico**
   a. si dedicava all'arredamento della sua casa.
   b. usava colori che si faceva da solo.
   c. vedeva molto raramente la televisione.

C.3 Ascolti i due testi.

Traccia 35 AUDIO

1° testo

Il testo parla dell'importanza della conoscenza delle lingue straniere. Non tutte le affermazioni da 9 fino a 23 sono presenti nel testo. Indichi, nel foglio delle risposte, le affermazioni presenti nel testo, con una X nei ☐.

(Il testo verrà ascoltato una volta)

9. sarà sempre più importante
10. uno studente che parla bene può presentare un CV
11. hanno la possibilità di imparare una seconda lingua
12. I genitori frequentano i figli
13. lo studio della seconda lingua parte in ottobre
14. gli alunni studiano in gruppi di 15
15. le lezioni sono tenute da insegnanti estranei alla lingua
16. l'apprendimento a questa età è facile
17. il 75% degli alunni frequenta la terza
18. i corsi sono partiti solo otto anni fa
19. anche le scuole medie hanno denaro a disposizione
20. l'aumento interesserà in particolare il tedesco e lo spagnolo
21. i ragazzi lavoreranno da soli al pomeriggio
22. alla fine dell'anno c'è un test di valutazione
23. i laureandi lavoreranno con studenti stranieri

AUDIO

Traccia 36

2° testo

Il testo parla dell'importanza di studiare bene. Non tutte le affermazioni da 24 fino a 33 sono presenti nel testo. Indichi, nel foglio delle risposte, le affermazioni presenti nel testo, con una X nei □.

(Il testo verrà ascoltato due volte)

24. Alla fine dell'anno scolastico i ragazzi devono sostenere un esame.

25. Uno studente alla fine dell'anno scolastico non ha voglia di studiare.

26. Esistono dei trucchi che aiutano nel rendimento scolastico.

27. Lo studio e le pause si devono alternare come fa chi lavora.

28. Il metodo per rendere nello studio cambia da studente a studente.

29. Non è consigliabile studiare meno di trenta minuti al giorno.

30. Quando si studia, l'ambiente deve essere piacevole e confortevole.

31. Se uno studente non vuole studiare molte ore a casa, deve stare attento in classe.

32. Bisogna sempre leggere e rileggere a voce alta senza distrarsi.

33. Per aggiornarsi bisogna leggere anche libri extrascolastici.

10 MINUTI

CELI 2

CERTIFICATO DI CONOSCENZA DELLA LINGUA ITALIANA

Livello B1

Prova di Produzione Orale *(40 punti)*

Lo/la studente/essa terrà una conversazione con il/la suo/a insegnante dimostrando di

A saper parlare di sé
B sapersi esprimere in alcune situazioni
C descrivere foto o illustrazioni

Nome e Cognome dello studente

____

____

Data

____

____

CELI 2

A **Lo/la studente/essa deve essere in grado di tenere una breve conversazione con il suo insegnante sugli elementi essenziali per presentarsi.**

B **Lo/la studente/essa deve svolgere il seguente compito comunicativo in una conversazione faccia a faccia con il/la suo/a insegnante.**

Facendo la spesa al supermercato, il conto da pagare continua a salire anche se compriamo più o meno gli stessi prodotti. E la differenza con i piccoli negozi tende a ridursi sempre più. Ma, non essendoci quasi più negozietti, siamo tutti costretti a fare la spesa al supermercato. Secondo Lei, fare la spesa al supermercato conviene ancora?

C **Lo/la studente/essa deve saper descrivere le foto e l'insegnante sollecitarlo nell'esposizione.**

2 ORE

TEST 10

CELI 2

CERTIFICATO DI CONOSCENZA DELLA LINGUA ITALIANA

Livello B1

A	**Prova di Comprensione della Lettura**	*(40 punti)*
B	**Prova di Produzione di Testi Scritti**	*(40 punti)*

Nome e Cognome dello studente

____

____

Data

____

____

A. PROVA DI COMPRENSIONE DELLA LETTURA

A.1 **Legga i testi. Indichi con X la lettera a, b o c corrispondente all'affermazione o alla risposta esatta tra le tre proposte.**

1. Gentile direttore, mi riferisco all'ennesimo episodio di violenza i cui protagonisti sono minorenni. Un gruppo di ragazzini ha aggredito l' autista dell'autobus perché non aveva fatto salire un loro compagno fuori dall'area della fermata. È evidente che i giovani del terzo millenio non rispettano l'autorità degli adulti e credono di avere solo diritti. I responsabili di questa mancata educazione (genitori prima e poi la scuola) dovrebbero interrogarsi profondamente, non sui palcoscenici dei talk-show, ma nell'ombra delle proprie coscienze! Purtroppo nessuno vuole assumersi la responsabilità. Lo dico dopo aver lavorato 40 anni con gli adolescenti. Una società in cui i valori dell'educazione e della convivenza civile non sono più insegnati, non ha futuro.

L'autore della lettera
a. chiede maggiore controllo sugli autobus.
b. considera ridicolo l'atteggiamento dei talk-show.
c. si lamenta perché alcuni giovani hanno insultato l'autista dell'autobus.

2. Signor direttore, Le scrivo dopo aver letto l'articolo che critica l'uso delle telecamere fuori le scuole di Parma. Sono nonno e con nipotini che frequentano scuole. Né io né mia moglie abbiamo alcun timore di telecamere: vestiamo sobriamente e ci comportiamo civilmente. Sappiamo tutti, quanto sia importante proteggere i nostri bambini dai «male intenzionati». Inoltre nessuno si è lamentato delle telecamere messe all'ingresso di istituti bancari o di associazioni. Proprio perché ci sono minori, bisogna far maggior attenzione al problema. Credo che la cosa prima o poi debba essere valutata, pensando alla sicurezza dei minori. Che poi è quel che conta.

Secondo la persona che ha scritto la lettera
a. chi va a scuola non deve essere ripreso dalle telecamere.
b. le telecamere sono un valido aiuto per proteggere i ragazzi che vanno a scuola.
c. usare le telecamere davanti alla banca deve essere vietato.

3. Egregio direttore, da alcuni mesi, presso la nostra associazione a Salsomaggiore, lavora una ragazza con disabilità che raggiunge la città termale con la sua automobile e parcheggia direttamente nella piazza, in un punto in cui non provoca disagi a nessuno. La scorsa settimana un vigile l'ha costretta a spostare la macchina, ricordando che lì non è possibile sostare. Devo dire che altre volte i vigili non sono stati così attenti e veloci. Per esempio, quando la nostra ragazza non ha potuto neanche parcheggiare l'auto nel posteggio riservato alle persone disabili perché era occupato da una vettura non avente diritto, i vigili non hanno fatto niente e la nostra ragazza ha dovuto percorrere il tragitto a piedi, accompagnata.

Chi ha scritto la lettera esprime

a. il sospetto che i disabili a Salsomaggiore non vengono rispettati dai vigili.
b. la paura che le persone più deboli sono svantaggiate.
c. la preoccupazione che in futuro la legge non proteggerà più i disabili.

4. Egregio direttore, vorrei porre una domanda. A me, come a tante persone che desiderano mantenersi in salute facendo sport a contatto con la natura, piace correre e girare in mountain bike sulle nostre colline. Più volte sono stato inseguito e anche, se pur lievemente, aggredito da cani, lasciati liberi da proprietari preoccupati più della libertà del proprio animale che non della sicurezza delle persone. Premetto che adoro gli animali, tanto più i cani. Ma è anche vero che ci tengo molto a godermi i miei giri in bici. Che mi consiglia?

Nella lettera si parla

a. della mancanza di rispetto per chi pratica sport all'aria aperta.
b. del pericolo che affronta chi pratica sport la mattina quando i cani vengono lasciati liberi.
c. dei rischi che corre chi va in bici la mattina.

5. Signor direttore, Le scrivo per parlare di uno spiacevole problema che il Comune di Parma potrebbe facilmente (credo) risolvere. Lavoro nella zona del centro storico, via XX Settembre per l'esattezza e, da circa un anno, non avendo più il permesso di sosta sono costretto a pagare un permesso dal costo di trentasei euro mensili per poter parcheggiare l'auto. Trentasei euro al mese è vero, non è tanto, ma in questo periodo di crisi e soprattutto per chi ha un lavoro part-time, costituiscono un problema. Trovo che sarebbe giusto da parte del comune dare gratuitamente permessi di sosta da poter utilizzare nei giorni e solo negli orari di lavoro, a chi appunto lavora nelle zone del centro storico.

La persona che ha scritto la lettera,

a. parla della necessità di un intervento da parte del Comune.
b. si lamenta del prezzo del parcheggio nel centro storico.
c. chiede di poter parcheggiare l'auto senza pagare, negli orari di lavoro.

6 . In quale delle tre manifestazioni è possibile vedere da vicino le spade usate nella guerra del medioevo?

1. Feste medievali di Brisighella (Ravenna)

Da sabato 8 giugno a domenica 9 giugno il piccolo borgo riscopre le sue origini medievali, tra figuranti in costume, artigiani, animazioni e spettacoli, mostrando il legame delle genti del suo territorio con il gesso che, proprio fin dal medioevo, ha garantito reddito e sviluppo economico alla comunità locale. Il programma prevede una esposizione di armi storiche medievali, duelli di scherma nel cortile del castello, la ricostruzione di un grande assedio, con l'intervento di artisti in azioni teatrali e musicali.

2. Festa del CorpusDomini (Orvieto)

Da sabato 1° giugno a domenica 2 giugno, Orvieto rivive la festa del Corpus Domini. È l'unica occasione per vedere sfilare, lungo le vie della città, gli splendidi 400 costumi del Corteo storico. A dare inizio ai festeggiamenti è il Corteo medievale delle Dame. Si ricorda quando nel medioevo il Podestà organizzava rappresentazioni in piazza in onore delle dame e dei nobili che arrivavano in città per sfilare in corteo. Il Corteo Storico di Orvieto rappresenta la storia delle tradizioni e della cultura che ci sono state tramandate e vivono ancora nell'epoca moderna.

3. Palio di Noale (Venezia)

Da sabato 8 a domenica 16 giugno Noale indossa i costumi del suo lontano medioevo, quando si chiamava Novalis. Noale fa un tuffo nel passato con il corteo storico di 700 figuranti in abiti medievali, con gli sbandieratori, gli spettacoli di corte con il mercato medievale e la cena delle contrade nelle taverne antiche con danze in piazza. Il Palio ha inizio sotto la torre delle campane il giovedì, per terminare con uno spettacolo dell'incendio della Torre la domenica sera in Piazza castello.

a. Nella manifestazione indicata con il numero 1.
b. Nella manifestazione indicata con il numero 2.
c. Nella manifestazione indicata con il numero 3.

7. Egregio direttore, è triste ammetterlo ma la verità è che la montagna si è vendicata per l'abbandono in cui è stata lasciata. Da bambino sentivo parlare in casa della costruzione di una strada che avrebbe permesso la nascita di nuove attività industriali che avrebbero portato lavoro nelle nostre valli, i caseifici non avrebbero chiuso e si sarebbe continuato a produrre il Parmigiano Reggiano di montagna, il più apprezzato. Ricordo inoltre che appena la pioggia arrivava, i contadini provvedevano a controllare le acque e a matenere i canali sempre puliti. Ma ora che i contadini sono pochi e quelli rimasti sono per lo più anziani, abbiamo solo danni e che danni!

Secondo l'autore,

a. con l'abbandono della montagna i danni sono aumentati.
b. i contadini si vendicano.
c. il Parmigiano Reggiano è un formaggio apprezzato.

A.2 **Legga il testo. Indichi, nel foglio delle risposte, le affermazioni presenti nel testo, con una X nei ☐.**

Stare al buio? Mi fa paura!

... è nero, freddo, mostruoso, antipatico e terrificante... davvero? Ma no, il buio è solo l'assenza di luce, basta ricordarselo e il gioco è fatto.

La camera è confortevole, tutti gli oggetti sono al loro posto: abiti, libri, giochi. Con la luce l'am-

biente è colorato e persino divertente. Quando, però, scende la notte, la lampada si spegne, la porta si chiude, ed ecco apparire fantasmi, mostri, gnomi, troll, ogni genere di creatura spaventevole che il cervello possa immaginare. Aiuto! È tutta colpa del buio.
Il buio è un bel problema. Arriva inaspettato (se manca la corrente), e lo spazio intorno a noi diventa privo di oggetti. La paura del buio è diffusa come il raffreddore in inverno, ma cos'è, in realtà, che ci fa paura? Da bambini, si sa, abbiamo tutti tanta fantasia, così un'ombra sul muro diventa facilmente un drago fumante. Poi, con il passare degli anni, il rapporto tra realtà e fantasia cambia, ma le paure dei piccoli rimangono nel cuore dei grandi. E allora bisogna imparare a guardare il buio in modo nuovo. Ragioniamo, il buio è l'assenza della luce, non si tocca, non si mangia, non odora. Secondo: i mostri delle favole non esistono, e poi perché dovrebbero avercela con voi? Terzo: a volte basta un piccolo oggetto, da usare per farsi coraggio: una castagna o la chiavetta Usb. Con il vostro oggetto porta fortuna in mano potrete entrare in ogni stanza buia e ridere delle ombre che non riconoscete. Quarto e ultimo consiglio super-furbo: volete solo calmare la paura del buio? Tenete in tasca una piccola torcia elettrica da accendere quando proprio volete vedere dove vi trovate... non avrete più paura. Scoprirete così che solo al buio si possono vedere le stelle.

8. Da bambini tutti abbiamo avuto paura del buio.
9. I profumi ci aiutano a superare la paura del buio.
10. Con il passare degli anni è facile che la paura del buio ritorni.
11. Spesso i colori che ci circondano ci rendono felici e creano un ambiente piacevole.
12. A volte, quando improvvisamente manca la luce, ci troviamo al buio.
13. Negli anni passati la paura del buio era molto diffusa.
14. Le chiavette Usb sono molto usate per vincere la paura del buio.
15. Nel cuore degli adulti rimangono le paure provate da bambini.
16. Per affrontare la paura del buio a volte è sufficiente tenere in mano un portafortuna.
17. Per attenuare la paura del buio basta avere con sè una torcia elettrica.

A.3 Completi le frasi scegliendo la parola opportuna tra le quattro proposte.

18. Scarico la posta dal mio account internet ____________ aspetto la telefonata di Marta.
a. mentre **b.** cioè **c.** tuttavia **d.** ma

19. Ho fatto tardi ieri sera, ____________ stamattina mi sono svegliato presto.
a. come **b.** siccome **c.** nonostante **d.** però

20. Anna si è iscritta all'Università ____________ io frequentavo ancora la scuola.
a. quando **b.** finché **c.** senza che **d.** dunque

21. All'esame voglio un ottimo voto ____________ ho studiato con impegno.
a. oppure **b.** dopo che **c.** perché **d.** perciò

22. ____________ gli piace praticare ogni tipo di sport, a volte è molto pigro e passa la giornata seduto in poltrona.
a. invece **b.** dunque **c.** comunque **d.** anche se

A.4 Completi il testo scegliendo la parola opportuna tra le tre sottostanti.

Ma in fin dei conti... cos'è poi la felicità?

Amartya Sen, studioso di Filosofia del benessere, sostiene che non può esistere distanza (**23**) ________________ economia e felicità, perché un paese con un alto tasso di disoccupazione, non è un paese felice. L'idea di felicità va di pari passo con il concetto (**24**)________________ "economia equa" (cioè economia solidale) che genera soddisfazione e porta (**25**) ________________ felicità. Gli chiediamo (**26**) ________________ i nuovi mezzi di comunicazione, internet e i social network (**27**) ________________ portato maggiore felicità. "Non uso Facebook", ci dice, ma leggo ogni giorno che ci sono i miei interventi sul social network e questo mi sembra strano. Qualche tempo fa, mi trovavo a Sabaudia, un amico mi disse che leggeva ogni giorno i (**28**) ________________ commenti su Facebook, ma io non avevo un account e gli dissi che era tutto falso. Alla fine, la persona che aveva scritto a mio nome mi chiamò e chiese il mio perdono. Questo esempio spiega come i social network possono creare una felicità falsa, c'è una community dove c'è di tutto. Si litiga, si scambiano opinioni e foto, a volte false, ci sono profili falsi. "Non so se questa può definirsi felicità". Al Festival è anche il giorno di Darrin McMahon, professore di storia alla Florida University, che ha illustrato alcune idee sulla felicità dai tempi antichi (**29**) ________________ giorni nostri. Erodoto racconta le vicende di Creso, re della Lidia, che pensava (**30**) ________________ essere l'uomo più felice del mondo, ma che dopo una serie di scontri con Solone, perse suo figlio e il proprio regno. La felicità non significa solo sentirsi bene, (**31**) ________________ vivere in armonia in tutte le fasi della vita. Grazie alla Rivoluzione industriale sono aumentati i momenti di piacere e sono nati nuovi consumi. Ma il mondo di oggi (**32**) ________________ confonde molto su dove andare a cercare la felicità e scopriamo che non è sempre facile raggiungerla.

23.	**a.** in	**b.** con	**c.** tra
24.	**a.** a	**b.** di	**c.** l'
25.	**a.** di	**b.** della	**c.** alla
26.	**a.** va	**b.** se	**c.** ma
27.	**a.** hanno	**b.** sono	**c.** più
28.	**a.** tuoi	**b.** nostri	**c.** miei
29.	**a.** nei	**b.** ai	**c.** dei
30.	**a.** a	**b.** per	**c.** di
31.	**a.** di	**b.** e	**c.** ma
32.	**a.** ci	**b.** vi	**c.** li

A.5 Completi le frasi con i pronomi opportuni.

33. Se devi portare le fotocopie dal preside, non ti preoccupare! ________________ porto io mentre vado in segreteria.
34. Questa festa è proprio noiosa, ________________ andiamo?
35. Sono sicuro che ________________ farai a superare l'esame!
36. Mentre il treno stava partendo abbiamo salutato Alessandro, ma lui non ________________ è accorto!
37. Ho appena scaricato una nuova canzone. Se vuoi, ________________ faccio ascoltare con il mio mp3.

B. PROVA DI PRODUZIONE DI TESTI SCRITTI

B.1 Risponda al questionario.

Il breve questionario al quale ti chiediamo di rispondere, consente di conoscere meglio il territorio per sviluppare nuove soluzioni ai bisogni delle persone.

1. Quali posti ha frequentato almeno una volta per trascorrere il Suo tempo libero? (giardini pubblici, bar, discoteca ecc.)

   ____

   ____

2. Cosa desidera per il Suo tempo libero? (divertirmi, conoscere nuove persone, imparare nuove cose ecc.)

   ____

   ____

3. Nell'ultimo anno come ha passato la maggior parte del Suo tempo libero? (shopping, cinema, sport ecc.)

   ____

   ____

4. Quali organizzazioni frequenta? (associazioni di volontariato, culturali, sportive ecc.)

   ____

   ____

5. Cosa vorrebbe migliorare nei posti che frequenta abitualmente per trascorrere il Suo tempo libero? (il genere di musica, più gente, nuove persone ecc.)

   ____

   ____

6. A quali iniziative di carattere sociale potrebbe essere interessato? (ambiente, volontariato ecc.)

   ____

   ____

7. Dove c'è più lavoro per i giovani? (all'estero, bar, baby-sitter ecc.)

   ____

   ____

8. Cosa aiuta di più i giovani a trovare lavoro? (concorsi pubblici, corsi dopo la scuola, una raccomandazione ecc.)

   ____

   ____

9. Che genere di lettura preferisce (romanzi, gialli ecc.)?

   ____

   ____

B.2 **Scriva un annuncio.** (Usi circa 50 parole)

Lei è in Italia e cerca una scrivania usata. Pubblica per questo un annuncio sul giornale della città.

Nell'annuncio

- spiega che tipo di scrivania cerca;
- indica quale prezzo è disposto a pagare;
- indica come comunicare con Lei.

B.3 **Scriva una e-mail.**

Un amico ha deciso di iscriversi a Greenpeace e di diventare attivista volontario. Gli scriva una lettera per confermare che condivide la sua scelta.

Nella e-mail

- parli del volontariato nel Suo Paese;
- descriva le cose che possiamo fare ogni giorno per proteggere l'ambiente;
- parli di quello che vorrebbe fare lei per proteggere l'ambiente.

(Da un minimo di 90 a un massimo di 100 parole)

20 MINUTI

TEST 10

CELI 2

CERTIFICATO DI CONOSCENZA DELLA LINGUA ITALIANA

Livello B1

C **Prova di Comprensione dell'Ascolto** *(40 punti)*

Nome e Cognome dello studente

____

____

Data

____

____

Traccia 37 AUDIO

C.1 **Dopo aver ascoltato i messaggi telefonici, segni con una X la lettera a, b o c che corrisponde all'affermazione precisa tra le tre che Le vengono proposte.**

(I testi verranno ascoltati due volte)

1. **Il messaggio registrato annuncia che**
   a. bisogna telefonare dal telefono fisso.
   b. telefonando al numero verde si pagherà di meno.
   c. siccome tutte le linee sono occupate si deve telefonare più tardi.

2. **Marco telefona a Sandro**
   a. perché è arrivato alla stazione.
   b. per fissare un appunamento al bar della stazione.
   c. per informarlo del suo arrivo.

3. **Paola**
   a. vuole sapere se Stefania vuole andare insieme a lei al museo .
   b. fissa un appuntamento per andare al museo.
   c. chiede la conferma di un appuntamento.

4. **Il messaggio registrato annuncia che**
   a. bisogna telefonare quando sono aperti gli uffici.
   b. si deve inviare un fax o una mail.
   c. si deve chiamare il numero verde.

Traccia 38 AUDIO

C.2 **Dopo aver ascoltato i testi, segni con una X la lettera a, b o c che corrisponde all'affemazione precisa tra le tre proposte.**

(I testi verranno ascoltati due volte)

5. **L'avviso indica che**
   a. i giovani che si trasferiscono all'estero trovano lavoro più facilmente.
   b. è consigliabile andare all'estero per studiare.
   c. per avere successo nel lavoro oggi bisogna viaggiare in un Paese estero.

6. **Alle origini del Festival della lentezza c'è**
   a. la relazione tra la città e la storia vissuta dai cittadini.
   b. uno sguardo sul mondo di domani.
   c. l'amore per la propria città.

7. **L'avviso indica che**
   a. i cittadini devono proteggere il territorio e la città.
   b. la protezione dell'ambiente è uno dei principali problemi della città.
   c. a causa della pioggia molte case sono spesso in pericolo.

8. **Al Festival dell'apprendimento**
   a. parteciperanno insegnanti e giornalisti.
   b. si progettano nuovi metodi d'insegnamento.
   c. gli studenti potranno parlare liberamente dei problemi della scuola.

C.3 Ascolti i due testi.

Traccia 39 AUDIO

1° testo

Il testo dà suggerimenti utili per evitare di essere vittima di un furto di cellulare. Non tutte le affermazioni da 9 fino a 23 sono presenti nel testo. Indichi, nel foglio delle risposte, le affermazioni presenti nel testo, con una X nei ☐.

(Il testo verrà ascoltato una sola volta)

9. tenere sotto controllo il cellulare non è difficile
10. è necessario impostare una password di blocco
11. se acquistate un iPhone attivatelo subito
12. prendete il dispositivo
13. lasciate la scatola in una tasca interna
14. meglio nasconderlo
15. mettete il telefono nella tasca dei jeans
16. di sfilare lo smartphone dai vostri jeans
17. nei luoghi affollati ci sono autobus e treni
18. evitate di tirare fuori il cellulare
19. se è molto costoso è meglio
20. renderlo visibile agli altri è azzardato
21. continuate a camminare
22. entrate nel negozio e guardatelo da vicino
23. aspettate che si allontani

Traccia 40 AUDIO

2° testo

Il testo parla del film "La vita è bella". Non tutte le affermazioni da 24 fino a 33 sono presenti nel testo. Indichi, nel foglio delle risposte, le affermazioni presenti nel testo, con una X nei ☐.

(Il testo verrà ascoltato due volte)

24. Quando lo spettatore guarda il film *La vita è bella*, prova emozioni contrastanti.

25. Nel film Roberto Benigni interpreta il ruolo di Babbo Natale.

26. L'intervistatore chiede a Benigni se ama raccontare favole.

27. Nel film Giosuè è un bambino vivace e spensierato.

28. Nessun regista aveva mai girato prima un film simile.

29. Nel campo di concentramento i nazisti portano bambini e intere famiglie.

30. Il papà inventa un gioco per nascondere la verità a suo figlio Giosuè.

31. Se il bambino gioca rispettando le regole, sarà premiato.

32. A Benigni piace tanto questo film e vorrebbe girarne il seguito.

33. *La vita è bella* è un film che tutti gli uomini del mondo dovrebbero vedere al cinema.

10 MINUTI

TEST 10

CELI 2

CERTIFICATO DI CONOSCENZA DELLA LINGUA ITALIANA

Livello B1

Prova di Produzione Orale *(40 punti)*

Lo/la studente/essa terrà una conversazione con il/la suo/a insegnante dimostrando di

A saper parlare di sé
B sapersi esprimere in alcune situazioni
C descrivere foto o illustrazioni

Nome e Cognome dello studente

Data

CELI 2

A **Lo/la studente/essa deve essere in grado di tenere una breve conversazione con il/la suo/a insegnante sugli elementi essenziali per presentarsi.**

B **Lo/la studente/essa deve svolgere il seguente compito comunicativo in una conversazione faccia a faccia con il/la suo/a insegnante.**

Sembra proprio che uno dei principali problemi delle generazioni future sarà la gestione del tempo libero. Secondo Lei, il tempo lasciato libero dagli impegni di scuola o del lavoro merita particolare attenzione? Cosa ne pensa?

C **Lo/la studente/essa deve saper descrivere le foto e l'insegnante sollecitarlo/la nell'esposizione.**

Secondo Lei, quale altro servizio sarebbe necessario? (televisione, piscina, massaggio ecc.)

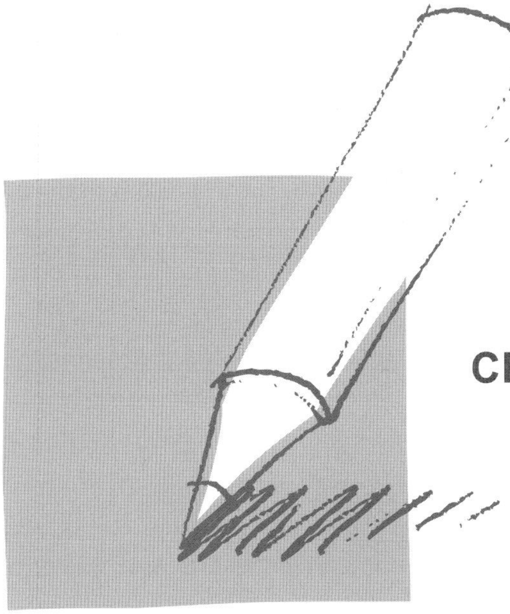

CELI 2

CERTIFICATO DI CONOSCENZA DELLA LINGUA ITALIANA

Livello B1

Trascrizione dei testi registrati per la prova di comprensione dell'ascolto

1° test

C.1 Ascolterete ora dei messaggi pubblicitari. Ascoltate attentamente senza scrivere. Durante il riascolto svolgete l'attività indicata nel foglio.

AUDIO

Traccia 1

1. Sciarpe, sciarpette; calze, calzettini; cravatte e cravattini. Ma è mai possibile che a Natale bisogna regalare sempre le solite cose? Per un regalo utile, funzionale, bello e, diciamolo, non banale, la confezione regalo degli utensili da cucina *Mani Mani*. Bella idea, vero? Regalare *Mani Mani* sarà un regalo fatto con il cuore, ma pensato con la testa. *Mani Mani*: i regali pensati con la testa.
2. Per sentire la tua pelle dolcemente morbida e liscia, scopri il piacere del nuovo *Doccia Schiuma Nutriente Palmolive*, arricchito con olio di mandorle ed essenza di vaniglia. *Palmolive*: La carezza della Natura.
3. Prepariamoci a vivere in una società multirazziale. Senza pregiudizi, con naturalezza. Ai bambini di certo l'idea non disturba: ce lo dimostrano tutti i giorni nelle scuole, nei cortili, per le strade. Di fronte ad ogni diversità sanno essere spontanei. E spontaneamente non fanno dell'amicizia una questione di razza, religione o colore. Sono loro il futuro. Guardiamoli e impariamo. Saranno amici per la pelle. È una pubblicità progresso..
4. L'olio *Sasso*, da oltre cento anni, vuol dire leggerezza. L'olio extravergine d'oliva *Sasso*, alla leggerezza, aggiunge la naturale intensità del gusto. Per ravvivare i sapori della tua tavola senza appesantirli, per scoprire con delicatezza il piacere di mangiar bene. Olio extravergine *Sasso*. La leggerezza prende gusto.

C.2 Ascolterete ora alcune notizie. Ascoltate attentamente senza scrivere. Durante il riascolto svolgete l'attività indicata nel foglio.

AUDIO

Traccia 2

5. Quanto guadagna, in media, un cittadino italiano nell'arco della vita? Circa due milioni di euro. E quanti ne spende in tasse? Quasi la metà. Lo rivela una statistica pubblicata lunedì 26 gennaio dal «Sole 24 ore». Che dire? Una vita per il fisco.
6. Ognuno di noi nella vita ha dovuto prima o poi mentire a fin di bene, dire una bugia «bianca» per non ferire un amico, un fidanzato, un figlio, insomma le persone a cui siamo più affezionati. Sono le bugie a fin di bene, che ci hanno fatto un po' soffrire all'inizio (o a volte sorridere) ma che si sono rese necessarie per nascondere un piccolo errore o magari una bella sorpresa.
7. Gli italiani parlano sempre più... l'italiano. È quanto emerge da un'indagine realizzata dall'Istat e condotta su tre ambiti: la famiglia, i rapporti con gli amici, le relazioni con gli estranei. In tutte e tre queste situazioni, l'uso esclusivo del dialetto è calato in maniera drastica, soprattutto tra i giovani. Alla «marcia trionfale» della lingua nazionale, il dialetto cerca di opporsi soprattutto nelle regioni del nord-est.
8. A Elsa Morante i bambini piacevano, li amava tanto da ipotizzare il mondo intero salvato dai ragazzini. Della sua fanciullezza però si sa poco, e ancor meno conosciuti sono i racconti che scrisse durante l'infanzia. Storie semplici pubblicate sulla rivista Corriere dei piccoli tra il 1933 e il 1937. Una collezione custodita dalle Biblioteche di Roma che oggi rivive grazie a «Edizione straordinaria»! Elsa Morante e il Corriere dei piccoli, in mostra nella Casa della memoria e della storia di Roma fino al 28 maggio.

C.3

1° testo

Ascolterete ora un'intervista a Sandra Bullock. Ascolterete il testo una sola volta.

AUDIO
Traccia 3

Ad ottobre uscirà anche in Italia (in America in questi giorni) *Corpi da reato*, commedia d'azione dove la coppia di poliziotti che combatte il crimine è formata, per la prima volta, da due donne: una è Sandra Bullock, l'altra Melissa Mc Carthy.
Sandra, il suo personaggio è molto competitivo. E Lei?
Lo sono con me stessa: mi chiedo sempre se ho fatto tutto quel che potevo.
Anche come mamma, immagino. Com'è cambiata la sua vita?
Ogni giorno, ogni momento è per mio figlio. Mi sveglio all'alba, lo porto a scuola, poi c'è il pranzo, poi trovo un paio d'ore per andare in palestra o occuparmi della casa. Anche se a volte mi perdo, in quelle due ore, e finisco per fare il bucato... Ha presente quei genitori che dicono di essere esausti? Ecco, mi sento così, ma è anche divertente. Viaggiare, per esempio: da quando c'è lui è ancora più bello. E non solo perché è un bravo viaggiatore (dopo un volo di 14 ore posso portarlo a fare una passeggiata senza problemi), ma perché vedo il mondo attraverso i suoi occhi. È come rivivere l'infanzia: mi alzo la mattina e tutto quel che voglio è divertirmi. Quanti adulti possono dire lo stesso? Ci si preoccupa sempre di tante cose che in realtà non contano. Ecco, io mi preoccupo di divertirmi.
Come riesce a essere così rilassata?
Cerco di cominciare la giornata con calma, senza litigare. Inutile pretendere di cambiare le situazioni: meglio seguire la corrente e, se non ti piace l'ostacolo che ti trovi di fronte... allora prova a girargli intorno.
Quanto equilibrio!
Mi fa piacere sembrare equilibrata, ma le mie scarpiere direbbero altro.

2° testo

Ascolterete ora un testo sul tipo di letture che si fanno in vacanza. Ascolterete il testo due volte.

AUDIO
Traccia 4

Sotto gli ombrelloni a farla da padrona è la cronaca rosa: non per niente i giornali che raccontano amori, tradimenti, avventure e disavventure dei vip vanno a ruba. «L'estate è il momento del relax: la gente ha bisogno di distrarsi e di non pensare ai problemi di tutti i giorni» spiega Silvano Giacobini, direttore di «Chi», settimanale che in estate aumenta le vendite di circa 150 mila copie. «Non è una scelta di superficialità. In vacanza, quando i ritmi sono rilassati e c'è più tempo per se stessi, fa bene dedicarsi a letture divertenti e di evasione. Le immagini dell'estate dei vip, trascorsa tra yacht miliardari e ville da favola, ci aiutano a sognare. In più, leggere delle loro disavventure sentimentali è consolatorio: ci si rende conto che anche chi è ricco e famoso ha i problemi di tutti». Quali sono i personaggi più amati? Non ci sono protagonisti assoluti. Ma i preferiti dai lettori si notano: e sono i principi di Monaco.

2° test

C.1 **Ascolterete ora dei messaggi telefonici. Ascoltate attentamente senza scrivere. Durante il riascolto, svolgete l'attività indicata nel foglio.**

AUDIO

Traccia 5

1. Ciao, Sandro. Sono Mariella. Se vuoi possiamo incontrarci stasera per discutere di quell'argomento che ci sta tanto a cuore. Chiamami appena torni!!
2. Buongiorno. Sono la signora Bianchi. Ho letto tra i piccoli annunci che è in vendita una pelliccia ecologica. Desidererei ulteriori informazioni. Siete pregati di chiamarmi al 6785414.
3. L'utente da Lei richiesto è per il momento impegnato in un'altra conversazione. Se volete, lasciate un messaggio alla segreteria telefonica, della durata di due minuti.
4. Sono momentaneamente assente o non ho voglia di alzare il ricevitore. Lasciate un breve messaggio e, appena potrò, vi telefonerò.

C.2 **Ascolterete ora alcune notizie. Ascoltate attentamente senza scrivere. Durante il riascolto svolgete l'attività indicata nel foglio.**

AUDIO

Traccia 6

5. Una ragazzina di 13 anni è stata ricoverata in un ospedale di Genova in seguito ad un incidente, avvenuto agli autoscontri del Luna Park di quella città. Il suo stato sembra migliorare, ma i medici non l'hanno ancora dichiarata fuori pericolo.
6. Un ragazzo, di nome Luca, è finito in carcere perché aveva tenuto chiusa per 20 minuti, in una camera della sua casa, una bella moretta di Milano di cui si era follemente innamorato. Dal carcere, lui continua a scriverle parole d'amore.
7. Guardare la TV e, nello stesso tempo, controllare la posta sul telefonino o giocare sul tablet. È il tipico multitasking dei giorni d'oggi, digitale e irrefrenabile, a cui cedono tantissimi "intossicati" di tecnologie e non solo loro. Uno studio della *Michigan State University* avverte, però, che il multitasking digitale può associarsi ad ansia e depressione: non è chiaro se sia il disagio psicologico a portarci a cercare distrazione nel sovraccarico digitale o siano tablet e cellulari a provocare il malessere, ma i due problemi paiono comunque legati.
8. La Ferrari che Roberto Rossellini donò a Ingrid Bergman come regalo di nozze nel '53, sarà messa in vendita ad un'asta riservata alle auto d'epoca. La quotazione iniziale della Ferrari è intorno ai 250 mila euro, circa 325.000 dollari.

C.3

1° testo

Ascolterete ora un'intervista allo scrittore ed attore Fabio Volo. Ascolterete il testo una sola volta.

AUDIO

Traccia 7

Fabio, Le piace la commedia romantica?

Tantissimo. Mi piace raccontare le situazioni dei miei libri al cinema e l'ho fatto con il romanzo "Il Giorno in più". Adoro non prendermi sul serio e, al tempo stesso, sono molto interessato a esplorare i sentimenti attraverso il mio lavoro.

Come si è sviluppata l'idea della trasposizione in film di un romanzo così amato dai lettori come *Il giorno in più*?

Quando abbiamo avuto l'idea della trasposizione in film del romanzo, io e il regista Massimo Venier ci siamo incontrati a Milano nel suo studio insieme agli sceneggiatori, avendo sempre il libro sotto mano e decidendo che cosa ritenevamo fosse molto importante che rimanesse nel film: atmosfera, sentimenti, una certa cifra, mentre il resto non avevo nessun problema a cambiarlo.

Alla fine, la differenza tra i due?

Il romanzo, la mia scrittura sono più «sdolcinati», mentre Massimo Venier ha trovato la cifra narrativa e stilistica giusta.

Come è stato il suo rapporto artistico con l'attrice Isabella Ragonese?

Assomiglia un' po' a quanto succede nel film, nella scena in cui le dico una serie di cose che ritengo di scoprire di lei. La nostra amicizia e il nostro rapporto di lavoro sono nati sul set giorno dopo giorno.

Lei ha mai paura di dire delle cose importanti ad alta voce?

Io non credo di dare particolarmente fastidio a nessuno e questa condizione mi permette di dire soltanto quello che penso. Dalla mia famiglia ho imparato l'educazione: non insulto e sono sempre rispettoso dei ruoli e delle funzioni. Non credo nemmeno di essere una persona "impegnata". Certamente lo sono nel lavoro.

2° testo

Ascolterete ora un test che tratta dell'oroscopo del giorno. Ascolterete il testo due volte.

AUDIO

Traccia 8

Ariete - Ha senso artistico. È coraggioso e passionale e cambia spesso lavoro.
Toro - Non ama le avventure amorose, ma vuole un partner per tutta la vita.
Gemelli - I nati sotto questo segno sono intelligenti e simpatici, ma anche un po' superficiali per il loro desiderio continuo di novità.
Cancro - Si lascia guidare dall'istinto, fugge le responsabilità e cambia d'umore facilmente.
Leone - Siccome si sente un re, non accetta le critiche. È allegro e socievole ed ama esibire la sua bellezza e le sue capacità.
Vergine - Ha senso pratico e cura i particolari nelle cose. Non sopporta il disordine e fa attenzione alla salute.
Bilancia - Le persone di questo segno sono affascinanti, amanti del bello e tolleranti, perché non sopportano gli scontri e le discussioni.
Scorpione - Ambiziosi, ma anche un po' gelosi, sono dotati di una notevole energia che usano in tutto quello che fanno. Non amano la vita monotona.
Sagittario - Amanti dello sport e della vita all'aperto, non vogliono legami di nessun genere.
Capricorno - Pessimisti ed amanti della solitudine, pensano solo a far carriera.
Acquario - Indipendenti ed anticonformisti, sono individui attratti dalla libertà di pensiero.
Pesci - Sogni e fantasia sono parte integrante della loro personalità, perciò sono molto romantici.

3° test

C.1 Ascolterete ora dei messaggi pubblicitari. Ascoltate attentamente senza scrivere. Durante il riascolto svolgete l'attività indicata nel foglio.

AUDIO

Traccia 9

1. Piacere e salute vanno d'accordo con la pasta. Quando, poi, la pasta è *Barilla*, ha tutta la bontà dei migliori grani duri. Con il loro sapore, arricchiranno così un piatto che può essere considerato uno dei piaceri più intelligenti della tavola. *Barilla*: Dove c'è Barilla, c'è casa.
2. Acquista un biglietto di *Rosso e Nero*. Con un solo biglietto puoi vincere migliaia di premi, subito, tanti milioni di euro e... se gratti il Jolly, vinci una cifra da capogiro! Lotterie Nazionali. Svegliati e comincia a sognare!
3. Se vuoi una birra tutta naturale e genuina, allora vuoi me. Perché io sono fatta solo di acqua purissima, luppolo aromatico e orzo selezionato delle migliori qualità, secondo la sapiente ricetta di chi produce birra da oltre cinquant'anni. Sono fatta solo di natura. Chiamami *Peroni*, sarò la tua birra!
4. Problemi di sovrappeso? Vincili con *Kalo! Kalo* è l'integratore dietetico di una nuova generazione, specifico per chi vuole eliminare i chili in eccesso, senza sacrifici. La sua formula permette un ridotto assorbimento dei grassi, degli zuccheri, semplici e complessi, come pane e pasta, elementi fondamentali della dieta italiana, e contribuisce a regolarizzare i livelli di zucchero e di colesterolo nel sangue. *Kalo*, il prodotto dietetico di origine naturale. Solo in farmacia.

C.2 Ascolterete ora alcune notizie. Ascoltate attentamente senza scrivere. Durante il riascolto svolgete l'attività indicata nel foglio.

AUDIO

Traccia 10

5. «Abbiamo stanziato 150 milioni per i prossimi tre anni per estendere, in tutto il Lazio, la raccolta differenziata porta a porta. Dobbiamo lavorare sulla riduzione dei rifiuti, sulla creazione di un'industria del riuso e del riciclo». Lo ha annunciato l'assessore del Lazio. «Per la prima volta dopo 40 anni -ha detto- nel Lazio non verranno più scaricati in discarica "rifiuti non trattati" grazie agli accordi con altre Regioni. Ma dobbiamo arrivare rapidamente a un sistema autosufficiente, penso soprattutto a Roma».
6. Secondo il Ministero dell'ambiente la situazione dei mari italiani è in netto miglioramento: quest'anno, sono stati ripuliti ben 100 Km di costa. Ma le associazioni ambientali contestano i sistemi di analisi usati dai tecnici in quanto superati.
7. «Bisogna stare attenti al pesce dopato. L'uso di sostanze chimiche per farlo sembrare fresco, da parte di commercianti e pescatori disonesti, può far male alla salute»: l'associazione Slow Food lancia questo avvertimento da Slow Fish, in corso a Genova, in particolare per le segnalazioni sull'uso di una sostanza in vendita, via internet, in Spagna, il "cafados", e chiede al Governo un piano di controlli nei mercati ittici, contro l'uso della chimica, per la conservazione del pesce fresco.
8. Stili di vita a rischio per gli adolescenti "internet-dipendenti". I ragazzi che "navigano" più di 3 ore al giorno hanno stili di vita di gran lunga peggiori rispetto ai loro coetanei. Il dato emerge dall'Osservatorio della Società italiana di pediatria (Sip) su *Abitudini e stili di vita degli adolescenti italiani*, che indaga annualmente su un campione nazionale di 2.000 adolescenti di 12-14 anni. Il quadro è tracciato in occasione del 69esimo Congresso nazionale Sip, apertosi a Bologna.

C.3

1° testo

AUDIO

Traccia 11

Ascolterete ora un testo che è un'intervista ad un famoso atleta italiano, Pietro Mennea. Ascolterete il testo una sola volta.

Lei è il simbolo del grande sport italiano con un record mitico imbattuto per 17 anni. Quali sono gli ingredienti del successo per uno sportivo?
I risultati si ottengono solo con molto lavoro. Nella mia carriera sportiva, mi sono allenato 5-6 ore al giorno, tutti i giorni, per 365 giorni all'anno, tra gare e allenamenti, per quasi vent'anni.
La corsa è, per sua natura uno sport che logora il fisico facilmente, e causa molti infortuni, spesso fatali, per la carriera di un atleta. Io ho iniziato la prima Olimpiade nel '72 e ho terminato nell' '88, senza mai avere un infortunio. Merito di un duro lavoro.
C'è una gara che Le è rimasta nel cuore più delle altre?
Nella mia lunga carriera sportiva, ho partecipato a più di 530 gare e ho incontrato più di 600 atleti. Ce ne sono state molte ma, sicuramente, ho un bellissimo ricordo del Campionato d'Europa di Praga del '78, nel quale vinsi 2 Medaglie d'Oro. In quell'occasione, la mia forma fisica era ai massimi livelli e nulla riuscì a fermarmi, neanche il freddo e la pioggia di quell'estate anomala.
I giovani e lo sport: gli ultimi dati ISTAT evidenziano che in Italia soltanto il 21,5% della popolazione pratica uno sport abitualmente e il 9,6% lo pratica in modo saltuario. Lei come interpreta questa tendenza?
Credo che, in generale l'Italia possa fare di più per sostenere la cultura sportiva. Per farlo, però, bisogna partire dalla scuola, perché è da lì che tutto nasce. È necessario che il "sapere" e lo "sport" si uniscano in un binomio indissolubile, in cui l'uno sostiene l'altro per costruire il futuro dei giovani, educandoli all'onestà. La scuola deve indirizzare i giovani verso lo sport perché anche se per alcuni sarà solo una delle tante esperienze della vita, è proprio nella pratica sportiva che troveranno degli strumenti fondamentali per affrontare il mondo.
E se lei dovesse fare un film sulla sua carriera?
Credo che un solo film per la mia vita non basterebbe. Farei due film: uno sulla mia carriera sportiva, fino all'oro di Mosca, e un secondo sulla mia vita dopo lo sport, che anche senza medaglie d'oro, ha delle vittorie importanti. Dalla mia carriera di avvocato all'attività di scrittore, fino alle attività di carattere sociale, rivolte ai bambini e ai malati.

2° testo

AUDIO

Traccia 12

Ascolterete ora un testo su un museo che ci aiuta a capire un po' della nostra Storia. Ascolterete il testo due volte.

Volete compiere un viaggio nel tempo? Non è difficile. Basta recarsi a Ranco, un piccolo paese (in provincia di Varese, a sessanta chilometri da Milano) e visitare il Museo Ogliari. Come si capisce facilmente, il museo prende il nome di chi lo ha pensato, ideato e realizzato: Francesco Ogliari, un grande umanista che è stato candidato al premio Nobel da un gruppo di intellettuali milanesi.

Ogliari, autore di un'infinita serie di testi sui trasporti, ha voluto realizzare un museo all'aria aperta che ci "racconta", ci spiega e ci mostra tutti i mezzi di trasporto degli ultimi due secoli. Visitarlo vuol dire fare una passeggiata di circa tre ore attraverso la storia mondiale dei trasporti. Si tratta di oggetti preziosi e, talvolta, rarissimi che sono stati restaurati e resi perfettamente funzionanti.
La prima tappa di questo fantastico viaggio riporta il visitatore al tempo del cavallo. Si passa poi alle funicolari, per proseguire con l'avvento del motore e dell'elettricità, per approdare, infine, nella stazione della metropolitana alla fermata Villa Fantasia.
Il Museo Ogliari di Ranco è aperto tutti i giorni. Il sabato o la domenica, potete incontrare proprio il professore e nessuno meglio di lui vi guiderà in questa splendida passeggiata nel tempo.

4° test

C.1 **Ascolterete ora dei messaggi telefonici. Ascoltate attentamente senza scrivere. Durante il riascolto svolgete l'attività indicata nel foglio.**

AUDIO

Traccia 13

1. Ciao, Sandro. Sono Roberta. Sono arrivata ieri mattina in aereo da Milano e vorrei incontrarti. Mi trovo all'albergo Dolce Vita. Se sei anche tu a Roma, chiamami appena torni al numero 6722988.
2. Pronto, Marino, ha telefonato la signora Rossi. Ha urgente bisogno di te perché ha un serio problema di salute e vuole chiederti un consiglio medico. Richiamala al più presto.
3. Avvocato, Le telefono dalla lavanderia Neve. Il suo pantalone è pronto e può venire a prenderlo quando vuole. Le ricordo che domani è sabato e chiudiamo più presto, cioè all'una. Arrivederci.
4. Signora, buongiorno. Telefono dalla *Nationale Neaderlander*. Sono passato da casa sua per ritirare la somma dell'assicurazione, ma non ho trovato nessuno. Sarò di nuovo nella sua zona dopodomani. La preghiamo di trovarsi in casa tra le tre e le cinque del pomeriggio. Grazie!

C.2 **Ascolterete ora alcune notizie. Ascoltate attentamente senza scrivere. Durante il riascolto svolgete l'attività indicata nel foglio.**

AUDIO

Traccia 14

5. Nessuno avrà scuse. Anche perché domani è domenica e, secondo le previsioni meteo, il tempo sarà bellissimo. Quindi approfittiamo tutti insieme (bambini e nonni compresi) per uscire nell'immensa palestra a cielo aperto allestita a Torino nelle sue più belle piazze, lungo il fiume e nei parchi. Si potrà scegliere tra vari sport come l'hydrobike, il taekwondo o la "capoeira", riscoprire il fitwalking, la pallavolo, la subacquea, il rugby, il tennis e gli scacchi. Il triathlon: un'occasione per divertirsi e far scendere la pancetta.
6. Nel celebre volumetto *Le due culture*, pubblicato nel secolo scorso, alla fine degli anni '50, lo scienziato e scrittore britannico Charles Percy Snow lanciava un grido d'allarme denunciando la crescente separazione tra la cultura umanistica e quella scientifico-tecnologica. Era, invece, convinto che la cultura è una sola, che la distinzione è, in fondo, artificiale e ingiustificata, e che occorre superare questa barriera che giudicava negativa per il mondo del sapere.
7. Tutti i bambini hanno un loro amico del cuore. Che non è il fratellino, la sorellina, il cuginetto. È un compagno che ha qualcosa in comune con loro o qualcosa che a loro manca. Il bimbo (o la bimba) leader

sceglie il tipo altrettanto intraprendente e dinamico con il quale sfondare il mondo, oppure lega con un carattere timido e introverso per sviluppare in quel rapporto la parte più nascosta di sé. Un'attrazione delle diversità. Un completamento di se stessi. È così che, fin da piccoli, si diventa amici per la pelle.

8. Le mamme tassiste a Roma potranno seguire i loro bimbi, optando per un turno che ricade nella fascia in cui sono aperti asili e scuole elementari e medie, ovvero 8:30 a 16.00. «I turni rosa permettono a tutte le mamme che operano in un settore così delicato, di conciliare più agevolmente l'impegno lavorativo con le esigenze legate alla famiglia», dichiara l'assessore alla Mobilità di Roma Capitale.

C.3

1° testo

AUDIO

Traccia 15

Ascolterete ora un testo che è un'intervista a un noto cantante rock, Nek. Ascolterete il testo una sola volta.

Dopo 22 anni di carriera Nek torna con un nuovo cd che si chiama come lui, ovvero "Filippo Neviani". Il perché lo abbiamo chiesto proprio a lui.

Come mai il cd si chiama come te?

Ho deciso di chiamare il cd come me perché è l'album più naturale che io abbia scritto, più personale, più sentito.

Da ora in poi, abbandonerai il tuo nome d'arte?

Non lo so, è una cosa che magari farà la gente. Lascio che siano loro a decidere, anche se la maggior parte dei miei fan, il mio pubblico, già mi chiama "Filippo". Credo che a loro piaccia sapere che Nek continua ad esistere. A me, una volta, piaceva identificarmi con un nome d'arte, ma oggi mi sento bene anche con Filippo Neviani.

Hai suonato tu tutti gli strumenti sul cd (basso, chitarra e batteria): un'impresa ardua?

La mia esigenza è di sorprendermi e sorprendere, è il mio mestiere. Negli anni ho lavorato con grandi musicisti ma, inevitabilmente, quando devo spiegargli come voglio la batteria o la chitarra, in questo processo si perde una parte della magia. Volevo evitare questo.

Hai parlato di sonorità più rock all'interno di questo lavoro...

Più rock rispetto al genere che faccio io di solito.

Ormai hai tanti anni di carriera alle spalle. Adesso che hai una bambina piccola, ti pesa la "vita da tour" che segue la pubblicazione di un cd?

Per forza di cose i concerti saranno un punto importantissimo, il punto più importante insieme alle interviste. Girerò l'Europa e canterò i miei pezzi più popolari in chiave basso-batteria-chitarra. La "vita da tour" la vivo bene, perché è la mia vita: se mi blocchi, mi ammazzi, non mi vuoi bene; se mi vuoi bene, mi lasci andare. La mia famiglia sta crescendo e, se io non sono con la mia famiglia, è la mia famiglia che viene con me, che mi raggiunge.

2° testo

AUDIO

Traccia 16

Ascolterete ora un testo su "Un'esperienza da copiare": il giornale di classe fatto in quattro nazioni. Ascolterete il testo due volte.

Sarà stampato nei prossimi giorni, in inglese. Si chiama *Meet Europe* ed è il primo giornale telematico dei ragazzi europei. È tutto realizzato via Internet. Al computer, naturalmente. E unisce gli alunni italiani della scuola media *Leonardo da Vinci* di Basiglio (Milano), i finlandesi, gli olandesi e gli svedesi. «Un'esperienza entusiasmante» dice Patrizia Iori, insegnante d'inglese alle medie. «L'iniziativa rientra nel Progetto di scambi Comenius. L'obiettivo è quello di mettere a confronto le tradizioni delle quattro nazioni coinvolte». La cosa più interessante è che questi ragazzi utilizzano la posta elettronica per facilitare i contatti tra di loro e rendere il lavoro più veloce. «Internet è diventato di uso quotidiano qui a scuola». La lingua usata dagli alunni è l'inglese: un esercizio utile per i ragazzi che scrivono gli articoli. Ed una grande soddisfazione perché riescono a capirsi. Gli argomenti trattati sono vastissimi e ogni insegnante interviene secondo la propria materia. Si parla di cibo, fiabe, feste locali, cinema e musica. E mentre preparano il giornale, i ragazzi portano alla luce tradizioni curiose. «Ma confrontano anche le proprie abitudini di adolescenti» dice la Iori. «E approfondiscono i motivi della diversità». I neogiornalisti telematici avranno anche la possibilità di incontrarsi. Durante un viaggio reportage saranno ospitati dalle famiglie dei nuovi amici di tastiera.

5° test

C.1 **Ascolterete ora dei messaggi telefonici. Ascoltate attentamente senza scrivere. Durante il riascolto svolgete l'attività indicata nel foglio.**

AUDIO

Traccia 17

1. Buongiorno, professoressa! Sono Cristina. Oggi non posso venire a casa sua per la lezione d'italiano perché, a quell'ora, ho un altro appuntamento. Devo andare dal dentista. Ci vediamo lunedì prossimo.
2. Signora Rossi, sono l'idraulico. Posso venire oggi nel pomeriggio? Se per Lei va bene, appena può, mi telefoni sul cellulare. Le lascio il mio numero: 334679321.
3. Maria, sono Serena. Sono stata in libreria, ma non ho trovato il libro che tu mi hai detto di comprare. L'ho comunque ordinato e arriverà sabato prossimo. OK? Baci.
4. Signor Orlando, sono il proprietario del videoclub *Orizzonti*. Desideravo informarLa che il dvd che aveva ordinato è arrivato. Quando vuole può venire a ritirarlo. Il nostro negozio resta aperto tutto il giorno dalle 10 del mattino fino alle 21 di sera. Grazie.

C.2 **Ascolterete ora alcune notizie. Ascoltate attentamente senza scrivere. Durante il riascolto svolgete l'attività indicata nel foglio.**

AUDIO

Traccia 18

5. Il buongiorno - nell'epoca della vita self-service - si vede dal mattino. Le tecnologie - diceva *John Maynard Keynes* - libereranno l'uomo dalla schiavitù del lavoro ("massimo 15 ore alla settimana"), regalandoci una ricca vita di relazioni. Ha sbagliato in pieno: oggi produciamo in 9 ore quello che nel 1950 si faceva in 40. In ufficio, però, ci restiamo di più. E, quanto alle relazioni, la novità è solo una: abbiamo imparato a farne a meno.
6. Il messaggino è pratico, non disturba e sa scaldare il cuore. È immediato ma, al tempo stesso, sa aspettare. Costa poco, e piace a figli, genitori e nonni. Ma, nonostante questo, qualcuno sta già individuando una sua graduale uscita di scena. Succede in America, ma anche in Cina, Filippine, Spagna e Olanda, dove

iniziano a registrarsi i primissimi e, ancora timidi, segnali di calo. Per la prima volta, infatti, nella storia, gli sms hanno smesso di crescere.

7. Forse cercava abiti della sua taglia. Ma apprendere che è un 14enne che svaligia un negozio di abbigliamento per bambini strappa un sorriso amaro. In effetti, il minorenne non era solo, ma in compagnia di altri quattro, e la polizia è riuscita a fermarli: la banda stava mettendo a segno un colpo in un piccolo store per bimbi in via dell'Annunziata a Napoli.

8. Giocare con i figli? È uno tra gli ultimi pensieri dei genitori italiani, che lo fanno, in media, 15 minuti al giorno, spesso soltanto di domenica. Prima, anche nelle due ore che non senza fatica si riescono a passare con loro, c'è altro da fare: aiutarli nei compiti, accompagnarli in piscina o a lezione d'inglese, trascinarli con sé al supermercato e alla fine crollare sfiniti, con loro, sul divano davanti alla tv accesa. È il risultato di una ricerca su un campione di 500 genitori, età media 39 anni, realizzato dall'associazione *Pepita* in occasione della seconda Settimana del Gioco in scatola, che dal 10 novembre, per otto giorni, coinvolgerà 300 Comuni italiani.

C.3 1° testo

Ascolterete ora un testo che è un'intervista ad un celebre psichiatra e psicoterapeuta. Ascolterete il testo una sola volta.

AUDIO
Traccia 19

Raffaele Morelli, celebre psichiatra e psicoterapeuta, ci dice che possiamo fare a meno dei farmaci. Possibile? Certo, secondo il fondatore dell'istituto Riza e direttore di Riza Psicosomatica. Perché, afferma nel suo ultimo libro, *Guarire senza medicine* (Mondadori): «La forza è dentro di noi». Anzi, siamo noi. Abbiamo voluto approfondire.

Guarire senza medicine. Un titolo forte. Non pensa di esagerare?

«No, perché dobbiamo dire basta. I farmaci non curano tutto, anzi, spesso creano dei problemi alla nostra salute».

Ma i farmaci sono stati fondamentali per il progresso umano e ci hanno permesso di vincere malattie terribili, migliorare la qualità della vita e allungarla. O no?

«No, ma nuove medicine hanno creato nuove malattie. Semplici stati d'animo ora sono classificati fra le patologie: si contano 370 nuove malattie mentali. Sei triste? Pillola. Sei obeso? Pillola. Non ti ricordi più il nome di un vecchio compagno di scuola? Pillola. C'è un consumo di farmaci senza precedenti nella storia. Con conseguenze mortali: lo scorso anno, negli Stati Uniti, le morti da abuso di farmaci hanno superato quelle causate da incidenti stradali: 41 mila contro 38 mila. È la terza causa di morte nel mondo occidentale. Vede dove stiamo andando?».

Ci sono molti farmaci utili, però.

«"Alcuni" sono utili, la stragrande maggioranza no. In Italia 12 milioni di persone usano abitualmente psicofarmaci. Ne servirebbero, forse, meno di un decimo. Lo sa che una ricerca dell'università *La Sapienza* ha rivelato che una persona su due va dal medico per disturbi di origine psicosomatica?».

Anche quelle sono malattie?

«Cefalea, ipertensione, colite, asma, eczemi e psoriasi. Ma la loro origine è collegata alle nostre emozioni e allo stress. Che le medicine non curano».

2° testo

Ascolterete ora un testo su cosa si deve fare per mantenere i benefici delle vacanze. Ascolterete il testo due volte.

AUDIO
Traccia 20

Ecco alcune regole d'oro per mantenere i benefici delle vacanze:
Primo. Se vuoi mantenere la linea, non saltare i pasti. Piuttosto, inizia la giornata con una buona colazione a base di cereali. In questo modo, combatti la tentazione di consumare cibi ricchi di grassi, ma poco nutrienti. Ricerche dimostrano che le persone che consumano regolarmente una colazione con pochi grassi, come quella con cereali, sono più in forma rispetto a chi non lo fa. E questo perché i cereali contengono almeno 7 vitamine e ferro, che danno la carica di energia per partire con sprint.
Secondo. Al rientro dalle vacanze, fa' del giardinaggio. I colori degli alberi e dei fiori faranno bene al tuo umore, e il contatto con la natura aiuterà a eliminare lo stress accumulato durante la settimana di lavoro. Approfitta del bel tempo e dei benefici effetti dell'ultimo sole.
Terzo. Per tenerti in forma, iscriviti in palestra o in piscina. Se proprio non puoi scegliere, percorri almeno un Km a piedi tutti i giorni, quando vai o ritorni dal lavoro, o evita di prendere l'ascensore e sali a piedi. Al lavoro, poi, se devi comunicare con un collega che si trova nel tuo stesso ufficio, ma in un altro reparto, non mandare un'e-mail, ma fa' due passi per raggiungere la sua scrivania.
Quarto. Tira fuori la grinta delle vacanze con i nuovi city look. Sii sempre elegante. Indossa abiti a un prezzo accessibile, ma che ti fanno sentire attraente. Mixa i vari pezzi di stagione: gonne lunghe di lana e occhiali enormi per essere moderna e con un tocco retrò.

6° test

C.1 **Ascolterete ora dei messaggi telefonici. Ascoltate attentamente senza scrivere. Durante il riascolto svolgete l'attività indicata nel foglio.**

AUDIO
Traccia 21

1. Caro Gianni, sono Mario. Nel pomeriggio andiamo alla Mostra sul Bernini, al Museo di Villa Borghese. Se vuoi venire, telefonami prima delle due. Sono a casa, così ci mettiamo d'accordo.
2. Teresa, sono Claudia, volevo avvisarti che arriverò in serata con il treno delle dieci e venticinque. Ti aspetto al bar della stazione. Ciao!
3. Buongiorno, qui è l'ufficio oggetti smarriti. È stata trovata nella stazione ferroviaria una borsa contenente vari oggetti personali e documenti. Siete pregati di mettervi in contatto con i nostri uffici che sono aperti al pubblico ogni giorno, dalle nove di mattina alle due di pomeriggio.
4. Signorina, sono il direttore, non dimentichi quando va via, di passare prima dall'ufficio postale per ritirare il pacco che è arrivato ieri. Grazie!

C.2 **Ascolterete ora alcune notizie. Ascoltate attentamente senza scrivere. Durante il riascolto svolgete l'attività indicata nel testo.**

AUDIO
Traccia 22

5. Il Ministero della Sanità ha firmato un'ordinanza che vieta qualsiasi forma di esperimento con il fine della

clonazione umana e animale. Il divieto non si applica agli esperimenti per la produzione di medicinali che possono salvare vite umane.

6. Una signora quarantenne, moglie di un imprenditore, si fa curare un dente e perde la sensibilità della bocca. La cosa finisce in tribunale. Il danno per la signora che abita vicino a Varese, è così grave che ha difficoltà nei rapporti con il marito. Per la donna non è più come prima.
7. La mafia non riuscirà a entrare nei nuovi Lavori Pubblici, come in passato. Il Sindaco di Catania ha proposto un Ufficio di controllo dei Lavori Pubblici. Il progetto ha avuto il parere positivo del Ministro dell'Interno, che ha inviato al Sindaco una lettera in cui si prevede la costruzione di un ufficio per il controllo di tutti i Lavori Pubblici.
8. Ogni anno in Italia durante la stagione sciistica invernale, si verificano oltre diecimila incidenti. La prudenza è d'obbligo, ma alcune volte non basta. Perciò si consiglia la protezione della testa con un casco da sci alpino. Il casco deve essere resistente agli urti. Un altro particolare importante è il campo visivo che deve essere ampio quando si indossa il casco.

C.3

1° testo

Ascolterete un testo che spiega come tenere in ordine una casa. Ascolterete il testo una sola volta.

AUDIO

Traccia 23

Abiti, libri, lenzuola, scarpe, asciugamani, coperte, cappelli... Le ore passate in casa possono diventare una lotta continua contro il disordine. Sembra sempre che non ci sia il posto giusto per mettere ogni cosa al suo posto.
Anche una grande scrittrice come Marguerite Duras si lamenta della mancanza di spazi dove metter la roba da stirare, le provviste, i lavori di cucito, gli elettrodomestici, i giochi. In effetti nella casa di oggi con uno spazio sempre più limitato, è difficile trovare ripostigli e guardaroba che un tempo servivano a questo scopo. Qualche anno fa qualcuno aveva dichiarato la morte degli armadi, troppo ingombranti sostituiti da pratici componibili. In realtà sostiene l'architetto Lorenzo Berni che disegna i mobili delle case che progetta, l'armadio non è morto, ma si è solo trasformato. I designer propongono le soluzioni usate per la prima volta nelle lavastoviglie: poco spazio per contenere tutto. È quindi libreria, ma anche porta televisore e porta Hi Fi, vetrina e mobile bar.

2° testo

Ascolterete ora un testo sui danni che può provocare l'uso del computer. Ascolterete il testo due volte.

AUDIO

Traccia 24

Non è il computer a provocare problemi alla salute: la colpa è di chi lo usa. Lo ha dimostrato una ricerca italiana, condotta per cinque anni su trentamila impiegati degli istituti di medicina del lavoro di Torino, Milano e Roma. A provocare dolori alle braccia e alle mani, mal di schiena, bruciori agli occhi e stanchezza visiva sono le cattive posizioni che si hanno davanti allo schermo, la posizione sbagliata di scrivania e sedia e le luci sbagliate. Proprio per ricordare a chi lavora a lungo al computer come evitare questi disturbi, pre-

sentiamo delle semplici regole. Eccole.
La scrivania è il primo passo: sedersi alla scrivania e controllare la posizione quando si lavora al computer. Tutti dovrebbero fare questa prova: soprattutto chi rimane ogni giorno per ore davanti allo schermo. La posizione è corretta se, quando si scrive, le braccia sono appoggiate sulla scrivania, non ci si piega in avanti e le ginocchia, grazie a una sedia bassa, rimangono leggermente più alte rispetto ai fianchi. Una posizione sbagliata può causare dolori, soprattutto nella parte più bassa della schiena. Come evitare questi disturbi? È indispensabile una sedia adatta: deve avere uno schienale abbastanza alto da arrivare alle spalle. E deve essere girevole, per non danneggiare la colonna vertebrale. Inoltre, deve essere regolabile in altezza, per permettere ai piedi di appoggiarsi perfettamente a terra e alla schiena di rimanere ben diritta. Un po' di movimento, inoltre, è importante: bisogna riposare le gambe con una passeggiata di cinque minuti ogni ora di lavoro.
Per quanto riguarda lo schermo, la metà di quanti passano al computer più di quattro ore al giorno ha problemi di stanchezza agli occhi. Questi disturbi possono colpire tutti, anche chi vede bene e non ha difetti visivi. A provocarli, possono essere una cattiva illuminazione della stanza o il video di vecchio tipo. Oppure una distanza insufficiente degli occhi dallo schermo. Per evitare questi problemi, i suggerimenti non mancano: l'illuminazione deve essere controllata per non avere contrasti di luce. E la scrivania deve essere opaca e non lucida. E la distanza tra gli occhi e lo schermo deve sempre essere di circa sessanta centimetri.

7° test

C.1 **Ascolterete ora dei messaggi pubblicitari. Ascoltate attentamente senza scrivere. Durante il riascolto svolgete l'attività indicata nel foglio.**

AUDIO
Traccia 25

1. Come ogni anno anche quest'anno tanto pubblico a Villa Reale di Monza, per il "Concorso internazionale della rosa". Madrina della manifestazione è stata quest'anno Fiona May, la grande atleta vincitrice, tra l'altro, di una medaglia d'argento alle olimpiadi di Atlanta.
2. Soffice, morbida ed avvolgente la maglieria Merino extra fine è come una seconda pelle. Così fine ed elegante, è realizzata con le migliori lane del mondo. Non è un segreto che sia tanto amata dagli stilisti più famosi, che ne apprezzano la leggera morbidezza e la vestibilità naturale. Le stesse qualità che amerai anche tu.
3. Una delle nuove caratteristiche dei nostri televisori riguarda il fatto che oggi si guarda la TV a ogni ora del giorno. Le condizioni di luce dell'ambiente sono continuamente controllate così da regolare continuamente, in modo automatico, colore, contrasto e luminosità. Questo avviene quando, ad esempio, accendete una lampada per leggere o quando i raggi del sole entrano all'improvviso nella vostra stanza. Ecco, questa è la qualità delle immagini, secondo il nostro punto di vista.
4. Stile inconfondibile, lavorazione artigianale, qualità dei materiali, perfezione dei dettagli: ogni nostro divano è un classico dell'arredamento contemporaneo, disegnato con arte e realizzato da mani esperte, per arricchire di valori unici le case di tutto il mondo. Se volete toccare con mano la qualità dei nostri divani e stupirvi per la loro convenienza, telefonateci: vi indicheremo il rivenditore più vicino.

C.2 **Ascolterete ora alcune notizie. Ascoltate attentamente senza scrivere. Durante il riascolto svolgete l'attività indicata nel testo.**

AUDIO
Traccia 26

5. Ricco di vitamine e di sali minerali, il cavolo è un alimento economico, ma nutriente. Si presenta in molte varietà. Coltivato soprattutto nell'Italia meridionale, ha foglie verde pallido o rosso scuro, che formano una grossa palla di un chilo o due. La parte interna, più tenera, può essere mangiata cruda in insalata.
6. L'Italia festaiola nelle piazze per una notte di allegria, di attese, di promesse. I milanesi saluteranno il nuovo anno danzando nel centro storico. A Roma suggestivo concerto a Piazza Venezia. Napoli "illuminata" da fuochi d'artificio. Per salutare il nuovo anno Piazza del Plebiscito e maxi discoteca al Molo Beverello. Attenzione ai fuochi pirotecnici, pericolosi; non solo gli uomini grandi e piccoli ne hanno paura. Chiedetelo agli animali.
7. In occasione della presentazione del progetto per salvare Venezia, il sindaco della città ha invitato i responsabili a realizzare quei lavori necessari per la protezione di Venezia e della Laguna. Il fenomeno dell'acqua alta rischia di distruggere un patrimonio culturale di tutti e non solo degli italiani.
8. Chi studia ha il diritto di rinviare il servizio militare, ma nel rispetto di regole precise. Queste sono state di recente chiarite dal Ministro della difesa. Possono ritardare gli obblighi del servizio militare, tra gli altri, gli studenti delle Università e degli istituti di istruzione superiore, statali o legalmente riconosciuti, iscritti in Italia o in un altro Paese dell'Unione Europea.

C.3

1° testo

Ascolterete ora un testo sui diplomi di creatività. Ascolterete il testo una sola volta.

AUDIO
Traccia 27

Bravo in disegno e con una particolare abilità manuale. Se un ragazzo possiede queste qualità e deve decidere, entro gennaio, l'iscrizione a una scuola superiore, è il caso di prendere in considerazione i corsi di formazione professionale, organizzati dalla Regione. Chi li frequenta ottiene un diploma che permette di svolgere un lavoro creativo, dal ceramista al decoratore su vetro. Un altro campo da valutare è quello delle professioni legate al mondo dello spettacolo, dove c'è richiesta di figure, come il tecnico del suono, l'operatore di ripresa e il montatore.
I corsi più seguiti sono quelli biennali di ceramista e arredatore, con lezioni di disegno, storia dell'arte e decorazione. Molto spesso, i corsi danno la possibilità di imparare professioni particolari di cui c'è richiesta.
Chi è interessato al mondo dello spettacolo può imparare un lavoro in cui esprimere il proprio talento artistico. Cinema, teatro e televisione offrono infatti la possibilità di trovare un impiego come cameraman, fotografo e grafico. La scuola è organizzata in un triennio di base e in un biennio successivo per chi vuole ottenere la maturità. Tre gli indirizzi a disposizione: tecnico della produzione dell'immagine fotografica (per lavorare negli studi come fotografo); tecnico della grafica pubblicitaria (cura i messaggi pubblicitari dal bozzetto alla stampa) e tecnico dell'industria audiovisiva (segue un intero programma come direttore di produzione o partecipa a una delle fasi in qualità di operatore di ripresa o di montatore). Fra le novità, particolarmente interessante è quella dell'operatore multimediale, vero specialista delle tecnologie più avanzate.

2° testo

AUDIO
Traccia 28

Ascolterete ora un testo che parla di un'esperienza teatrale nella scuola elementare. Ascolterete il testo due volte.

C'era una volta. Potrebbe iniziare come la più classica delle favole l'esperienza che ha interessato i bambini della Scuola materna *Andrea Verga* di Milano. Le maestre e il gruppo di teatro "la bottega viaggiante" hanno presentato un progetto per far conoscere ai più piccoli come si viveva una volta. Utilizzando marionette, pupazzi e diapositive, sono stati presentati tre spettacoli: i racconti di nonna Natalina. Ogni incontro è diviso in due parti; prima, i bambini assistono alla rappresentazione del racconto; dopo, intervengono con domande e con attività creative legate al tema della storia. Nella prima puntata, nonna Natalina va a trovare i nipoti che vivono a Milano, e porta in dono alcuni prodotti della campagna. Contemporaneamente, sulla parete, viene proiettata una serie di diapositive che mostrano gli oggetti usati in passato per cucinare, e gli spazi esterni di una casa di campagna. Da qui, l'idea per invitare gli alunni a realizzare, con della plastilina, i prodotti del bosco e dell'orto.

Nel secondo spettacolo nonna Natalina racconta la storia recente di Milano. Dopo, i bambini sono invitati a disegnare i palazzi antichi. L'ultima rappresentazione racconta il passaggio delle stagioni in campagna. E, in questa occasione, si propongono poesie della tradizione. Gli spettacoli sono di due tipi, con una versione più semplice per i bambini di tre, quattro anni.

8° test

AUDIO
Traccia 29

C.1 **Ascolterete ora dei messaggi di segreterie telefoniche. Ascoltate attentamente senza scrivere. Durante il riascolto svolgete l'attività indicata nel foglio.**

1. Buongiorno, chiamo dall'agenzia viaggi, per ricordare che la partenza del pullman avverrà da Piazza dei Cinquecento, alle sette di domenica mattina. La puntualità è d'obbligo. Il rientro è previsto in serata.
2. Ciao Sara, domani sera ci ritroviamo tutti al ristorante "La tana della volpe". Se non hai niente di meglio da fare, telefonami, così passo a prenderti. Ciao!
3. Ciao Giulio, sono Marina, telefono dall'Università. Volevo ricordarti che devi presentare la domanda d'esame in segreteria, entro le dodici di domani mattina. Ciao!
4. Buongiorno, telefono per l'annuncio che avete messo sul giornale. Sono interessato all'affitto dell'appartamento, il mio numero di telefono è 65.39.87.

AUDIO
Traccia 30

C.2 **Ascolterete ora alcune notizie. Ascoltate attentamente senza scrivere. Durante il riascolto svolgete l'attività indicata nel foglio.**

5. La polizia stradale raccomanda prudenza, per evitare, nelle ore notturne, incidenti stradali, ormai conosciuti come "stragi del sabato sera". Il fenomeno della nebbia è ancora previsto per le prossime ore, e crea problemi di visibilità. In ogni caso, è opportuno informarsi sulle condizioni meteorologiche e sulle condizioni del traffico, attraverso i notiziari radiofonici del Cis-viaggiare informati.

6. A Milano, Capodanno di preghiera e di silenzio per migliaia di giovani. Lo passeranno così i giovani provenienti da tutto il mondo, ma soprattutto dall'Est Europa, riuniti a Milano dalla comunità ecumenica Taizè. La città lombarda è stata invasa da alcuni giorni da centinaia di migliaia di ragazzi, ospitati in famiglie e istituti religiosi.
7. Una multa salata, hanno ricevuto alcuni abbonati del servizio telefonico, colpevoli di possedere apparecchi non regolari. Come prescrive la legge, vale per tutti il divieto di usare apparecchi non regolari. La legge non tocca gli apparecchi installati prima del 21 aprile 1995.
8. Il sonno naturale? Sarà solo quello che porta il marchio europeo di qualità ecologica. Le regole approvate dall'Unione Europea prevedono che, se il materasso contiene schiume plastiche, in queste non devono esserci gas CFC (quelli del buco dell'ozono). Per i trattamenti antincendio, non devono essere usati prodotti dannosi per la salute.

C.3

1° testo

AUDIO

Traccia 31

Ascolterete ora un testo sull'uso del denaro elettronico. Ascolterete il testo una sola volta.

Niente più monete, niente più banconote sporche: poche previsioni sono state così interessanti come quelle di una vita senza denaro. Solo pochi anni fa l'arrivo di una società senza denaro contante, dove le carte di credito e i trasferimenti via internet avrebbero sostituito le monete e le banconote, sembrava vicino. I giornali hanno dedicato intere pagine alla rivoluzione delle forme di pagamento. Il Congresso americano ha organizzato una serie di riunioni perché sembrava che il denaro elettronico poteva prendere il posto di quello di metallo e di carta.
La previsione non era fantascienza; il problema è la gente. Il denaro elettronico esiste, ma ben poche persone vogliono usarlo. Non ne sembrano entusiasti nemmeno gli abitanti di Hong Kong e Singapore, conosciuti come tecnofili. Di solito sono interessati alle novità, oppure a prodotti che rappresentano uno status symbol.
La ricerca del mese scorso ha dimostrato che i consumatori non desiderano un futuro senza contanti.
Perché una tecnologia così interessante ha lasciato quasi indifferenti i consumatori? Il problema non è che non amino l'idea della carta intelligente, ma la maggior parte era interessata ad averne una perché voleva una carta con informazioni mediche o notizie sulla propria automobile. Meno della metà desiderava una carta intelligente per comprare delle cose.
Il denaro elettronico, quindi si è dimostrato una soluzione per un problema che non c'è. In Finlandia, le carte intelligenti si sono dimostrate utili solo per usare le lavatrici in comune dei condomini. Far usare il denaro elettronico, non solo nelle lavatrici a gettone, significa trovare nuovi modi per convincere i consumatori a farlo.

2° testo

AUDIO

Traccia 32

Ascolterete ora un testo che consiglia come proteggere i capelli d'inverno. Ascolterete il testo due volte.

Il termometro scende e i problemi aumentano. È la relazione tra i capelli e l'inverno. Perché quando la temperatura scende, mantenere una bella pettinatura diventa difficile. Sono incidenti da cui ci si può difendere con facilità, scegliendo i cosmetici adeguati. Ciò che rovina i capelli è la polvere e l'inquinamento atmosferico. Il rimedio sta nell'usare, dopo lo shampoo, un balsamo con le proteine, oppure passare, a piene mani, gel sui capelli asciutti. I prodotti per la piega, infatti, sono efficaci non solo per dare forma, ma anche per proteggere. I lavaggi, in inverno, si fanno più frequenti. Ma non sempre con buoni risultati, perché rovinano la struttura dei capelli. Lo shampoo quotidiano non crea danni solo se è delicatissimo. Perciò, l'etichetta è molto importante perché riporta informazioni utili: il tipo di capelli cui il prodotto è destinato, e quali sono gli ingredienti che contiene. Qualche suggerimento? Olio di oliva, di mandorle dolci, vitamine e proteine: la presenza di uno di questi componenti garantisce delicatezza e buoni risultati. Contro il vento, le soluzioni sono tre: non tenerli sciolti, ma legati; ripetere tutte le settimane una maschera dopo il balsamo. È pericoloso anche il passaggio tra l'ambiente esterno, freddo, e quello interno, riscaldato. Per questo motivo è meglio indossare un cappello che ripari dal freddo. E poi, massaggiare a lungo la testa durante ogni lavaggio. Per quanto riguarda l'uso dell'asciugacapelli, le maniere dolci sono obbligatorie. Persino spazzolarsi può essere pericoloso, se i capelli non sono forti. Bisogna usare il meno possibile il pettine e la spazzola. Che devono, comunque, essere fatti con materiali naturali.

9° test

C.1 **Ascolterete ora dei messaggi pubblicitari. Ascoltate attentamente senza scrivere. Durante il riascolto svolgete l'attività indicata nel foglio.**

AUDIO

Traccia 33

1. La festa italiana è inconfondibile. Una gioia piena di dolcezza, una sensazione che diventa sentimento. Il nostro spumante è dal 1820 l'interprete autentico dell'Italia in festa: così nuovo perché non è cambiato. Dolce com'è dolce l'Italia.
2. Ogni volta che apriamo il rubinetto tendiamo ad utilizzare più acqua di quanto ci serva. Ma l'acqua non è una risorsa illimitata e il suo costo è destinato a crescere. Sprechiamo, quindi, soldi nostri e un patrimonio comune. I nostri rubinetti sono in grado di limitare i consumi di acqua e di energia termica fino al 50 per cento.
3. La battaglia contro il naso chiuso è stata rapida e indolore. Il nostro prodotto si è rivelato da subito un alleato prezioso, affidabile, efficace. Immediatamente ha difeso e protetto i nostri nasi da raffreddore, influenza e forme allergiche. E, in breve, libertà, forza e vitalità sono state recuperate.
4. Il cuore dell'Umbria non si è fermato. Le strutture alberghiere e turistiche si preparano al Natale e sono pronte ad accogliervi e a trasmettervi emozioni uniche. Perché l'Umbria ha un cuore generoso di natura. È un patrimonio di arte e umanità così immenso che regala grandi spazi alla vostra sete di cultura, evasione e passione. L'Italia ha un cuore verde: l'Umbria.
5. *Corriere prioritario* è il nuovo servizio delle Poste Italiane che consentirà la consegna di cartoline e lettere entro ventiquattro ore e con soli 6 euro. Per dimostrare la sua efficacia, a molti clienti viene offerta l'occasione di provarlo. Se anche voi riceverete a casa una busta che contiene l'etichetta con la scritta "Prioritario", incollatela su una lettera, e speditela subito ad un amico che abita nella vostra regione. Il giorno dopo, insieme ai saluti, gli arriverà anche il volto nuovo delle Poste Italiane.

C.2 **Ascolterete ora alcune notizie. Ascoltate attentamente senza scrivere. Durante il riascolto svolgete l'attività indicata nel testo.**

AUDIO

Traccia 34

6. Le grandi città non attirano più gli italiani, che preferiscono la vita più noiosa, ma sicuramente più tranquilla della provincia. Gli italiani preferiscono vivere in case moderne, dotate di maggiori comfort e costruite con criteri più pratici e più adatti al ventunesimo secolo.
7. Apre il negozio dopo la chiusura di Capodanno e trova una volpe. L'avventura è capitata ieri mattina alla signora Annamaria Macelli, sessantasei anni, proprietaria di una piccola merceria nel centro di Napoli. La donna è riuscita a chiudere la volpe nel bagno e a chiamare la polizia. Gli agenti l'hanno poi consegnata al WWF (l'organizzazione per la protezione della natura).
8. Dinosauri, il Killer ha lasciato un segno. È rimasto in fondo all'Oceano Pacifico per sessantacinque milioni di anni. Ed è più piccolo di un chicco di riso. Ma è anche il primo e l'unico frammento mai trovato dell'asteroide che è caduto sulla terra e ha provocato la scomparsa dei dinosauri.
9. Si apre al pubblico il palazzo dove ha abitato De Chirico. Con i suoi quadri, la sua poltrona, la TV senza audio, la sua cameretta, soprattutto il suo studio, i suoi colori che si faceva da sé. Lui non si occupava dell'arredamento, pensava a tutto sua moglie. Il televisore era la sua finestra sul mondo.

C.3

1° testo

Ascolterete ora un testo sull'importanza della conoscenza delle lingue straniere. Ascolterete il testo una volta.

AUDIO

Traccia 35

Quante lingue conosci? La risposta, in futuro, sarà sempre più importante. Uno studente che sappia parlare bene più di una lingua ha maggiori possibilità: può presentare un curriculum più interessante per il mondo del lavoro o affrontare un corso di studi all'estero. La scuola ha avviato una nuova fase di sperimentazione linguistica nelle elementari e nelle medie.

Nella scuola d'obbligo, da quest'anno, i ragazzi hanno la possibilità di imparare una seconda lingua straniera, scelta fra le quattro comunitarie (inglese, francese, tedesco, spagnolo). I genitori possono quindi informarsi se la scuola frequentata dai figli ha questa opportunità. In caso contrario, possono chiedere al direttore dell'istituto di avviare il corso, il prossimo anno. Per la maggior parte delle scuole lo studio della seconda lingua straniera parte in gennaio. Gli alunni studiano in gruppi di quindici, seguendo metodi che danno particolare importanza al gioco, alla comunicazione e all'ascolto. Le lezioni possono essere tenute anche da insegnanti esterni e di madrelingua. L'apprendimento, a questa età, è facile e per questo va incoraggiato. Attualmente, il settantacinque per cento degli alunni delle classi terze, quarte e quinte, studia una lingua straniera. È un buon risultato, perché i corsi sono partiti solo otto anni fa.

Anche le scuole medie hanno la possibilità di potenziare il settore linguistico. Con il denaro a disposizione, il numero degli studenti impegnati a imparare due lingue passerà dal quarantadue al cinquantacinque per cento. L'aumento interesserà in particolare il tedesco e lo spagnolo. Come alle elementari, i ragazzi lavoreranno in gruppi di quindici, con lezioni al pomeriggio che danno particolare importanza alla conversazione e all'utilizzo di materiali audiovisivi e multimediali. Alla fine dell'anno c' è un test di valutazione in base al quale viene rilasciato un certificato che indica il livello raggiunto.

Gli istituti superiori possono utilizzare laureandi madrelingua che lavoreranno con i docenti per un intero anno scolastico. Il laureando viene scelto fra gli studenti stranieri che possono dimostrare nel loro curriculum la conoscenza dell'italiano. Le scuole possono richiedere, entro il mese di gennaio, un assistente di lingua straniera, una specie di lettore che aiuta i docenti durante le lezioni.

2° testo

Ascolterete ora un testo sull'importanza di studiare bene. Ascolterete il testo due volte.

AUDIO

Traccia 36

Affrontare un intero anno scolastico, fatto di interrogazioni, compiti da svolgere, lezioni da memorizzare non è semplice. Spesso i ragazzi arrivano, in fondo, stanchi, senza le energie necessarie per affrontare gli ultimi mesi.

Eppure, il segreto per rendere nello studio, senza sprecare forze inutili, esiste. Basta saper sfruttare le proprie potenzialità, accettando i propri limiti. Vediamo come. Gli studenti devono considerare la scuola come un lavoro; per questo, è bene evitare periodi di inattività a periodi intensi di studio. E cercare un proprio metodo, tenendo presente che non esiste una ricetta valida per tutti. Datevi delle regole, mantenete un ritmo costante: farete meno fatica. Non mettetevi davanti ai libri subito dopo mangiato: la digestione porta stanchezza e sonno.

Ricordate che la concentrazione dura al massimo trenta minuti: è inutile studiare molte ore. Meglio fare dieci minuti di pausa ogni tanto. Programmare lo studio in modo da non dover rinunciare a uscire, allo sport o altri divertimenti. Scoprite i vostri orari migliori: c'è chi studia bene di pomeriggio, chi la sera. Dovete capire quando rendete di più e organizzarvi. Senza, però diminuire le ore dedicate al riposo. Createvi un ambiente di studio gradevole, illuminato e privo di oggetti che possano distrarvi. Un buon metodo di studio può essere utile per rendere la scuola un'attività interessante. In classe non distraetevi: se prendete bene gli appunti e state attenti durante le lezioni, studiare a casa vi prenderà meno tempo. Dopo una prima lettura veloce, rileggete lentamente e sottolineate gli elementi più importanti. Fate una sintesi delle informazioni utili, preparando schemi, oppure utilizzando parole chiave. Ripetete ad alta voce. Un registratore può aiutare a controllare. Ripassate e ripetete ogni tanto con i compagni. Aggiornatevi, anche al di là dei testi scolastici.

10° test

C.1 Ascolterete ora dei messaggi telefonici. Ascoltate attentamente senza scrivere. Durante il riascolto svolgete l'attività indicata nel foglio.

AUDIO

Traccia 37

1. Al momento tutti i nostri operatori sono occupati. Vi preghiamo di rimanere in attesa per non perdere la priorità acquisita. Al più presto un nostro operatore sarà a vostra disposizione. Approfittiamo per ricordarvi che, se chiamate da rete fissa, potete comporre anche il numero verde 800 800 800 al costo di un solo scatto. Grazie.
2. Ciao Sandro, arriverò domenica sera. Potresti venire a prendermi alla stazione? Arriverò con il treno delle dieci e venticinque. Ciao!

3. Ciao Stefania, sono Paola. Sabato mattina viene a trovarci Gianni, che ne dici di andare tutti insieme al Museo degli Uffizi per vedere la mostra su Mantegna? Se sei d'accordo telefonami stasera dopo le otto, sarò a casa. Così ci mettiamo d'accordo!
4. Salve! Grazie per aver chiamato la nostra azienda. I nostri uffici sono chiusi. Siamo aperti dalle 8.30 alle 13.30 e dalle 16.30 alle 19.30. Se lo desidera, può inviare un fax allo 02-48012123, oppure inviare una mail a info@azienda.it. Grazie e a risentirci!

C.2 Ascolterete ora alcune notizie. Ascoltate attentamente senza scrivere. Durante il riascolto svolgete l'attività indicata nel testo.

AUDIO

Traccia 38

5. Lunedì si terrà il terzo incontro del ciclo "Explore the world...Veneto in Movimento!", dedicato alla mobilità dei giovani. Il tema è "Studiare all'estero". Fornendo le informazioni e i consigli giusti, l'incontro vuole valorizzare il principio che lo studio all'estero deve essere visto come una carta da giocare per migliorare la cultura personale e la competenza sul mercato del lavoro. Una preparazione accurata è un grande passo verso il successo.
6. Da venerdì 11 a domenica 20 ottobre torna il Festival della Lentezza. L'idea del Festival nasce dalla convinzione che rallentare non vuol dire fermarsi, ma saper guardare in modo diverso la realtà che ci circonda. Affrontare il presente sapendo che le scelte di oggi influiranno sul mondo di domani. Il punto di partenza del festival è il legame tra le esperienze raccontate e le città dove hanno preso vita, parlando in questo modo delle caratteristiche uniche della cucina e della cultura di quella città.
7. Venerdì il geografo Pietro Casetta invita a partecipare alla conferenza sul tema delle alluvioni, un problema che colpisce spesso il nostro territorio e porta molte abitazioni ad essere allagate. Il WWF-Padova, con questa conferenza, vuole diffondere un maggiore rispetto del territorio e sensibilizzare la cittadinanza sul tema della protezione dell'ambiente.
8. Apprendere dal futuro è il tema del primo Festival dell'Apprendimento che si terrà a Roma dal 3 al 6 ottobre. Il Festival è organizzato dall'Associazione Italiana Formatori che invita cittadini e istituzioni a confrontarsi, a immaginare, a interrogarsi e a pensare insieme progetti e idee. Coordinare studio e lavoro, facilitando i rapporti umani e professionali, ci permette di guardare al futuro con rinnovata fiducia e positività. Ci saranno dibattiti, interviste e incontri letterari. Interverranno personalità del mondo dell'insegnamento, della psicologia, del giornalismo, della comunicazione, della cultura e dello spettacolo.

C.3

1° testo

Ascolterete un testo che dà suggerimenti utili per evitare di essere vittima di un furto di cellulare. Ascolterete il testo una sola volta.

AUDIO

Traccia 39

Come proteggere il cellulare dai ladri - Ecco alcuni suggerimenti utili per evitare di essere vittima di un furto di cellulare.
Dov'è il vostro smartphone in questo momento? In tasca? Sulla scrivania? Oppure l'avete lasciato nella borsa o nella vostra auto? Siete anche certi che sia ancora lì? Tenere sotto controllo il cellulare non è difficile: in questo modo, si riducono anche le possibilità di furto.

Ecco alcuni suggerimenti pratici che vi saranno utili per evitare di dimenticare il cellulare dove non dovreste lasciarlo.
È necessario impostare una password di blocco dello schermo del telefono che non sia un PIN semplice (ad esempio, non 0000, 1234, 8520, 0258, ecc).
Se acquistate un iPhone e non l'avete ancora attivato, non appena uscite dal negozio prendete il dispositivo e inseritelo in una tasca interna. La scatola potete lasciarla nella borsa. Un ladro potrebbe avvistare uno smartphone se si lascia il caricabatterie per telefoni in macchina in un posto visibile: meglio nasconderlo.
Evitate di mettere il telefono nella tasca posteriore dei jeans, altrimenti darete la possibilità ad un eventuale ladro di sfilare lo smartphone dai vostri jeans, senza che nemmeno ve ne accorgiate.
Nei luoghi affollati, come autobus o treno, c'è più possibilità di essere vittima di un furto. In questi casi, evitare di tirare fuori il cellulare, soprattutto se molto costoso e di renderlo visibile alla vista altrui.
Infine alcuni consigli su cosa fare se uno sconosciuto vi si avvicina in strada.
Se un estraneo si avvicina a voi, continuate a camminare, continuate a guardare dritto davanti, non fatevi intimorire. Entrate nel negozio più vicino, in modo da lasciare il ladro fuori. Aspettate che si allontani, prima di uscire e, se potete, fatevi venire a prendere da qualcuno.

2° testo

AUDIO
Traccia 40

Ascolterete ora un testo che parla del film "La vita è bella". Ascolterete il testo due volte.

Questa è il libero adattamento della prima intervista concessa da Roberto Benigni per il film: La vita è bella. Il destino fortunato del film era ancora tutto da scrivere, in quel momento c'era solo l'emozione che può regalare la visione di un capolavoro.

Intervistatore - Lei ha fatto un film straordinario: si ride e si piange attraverso una favola, in un lager, come non era mai stato raccontato finora.

Benigni - La ringrazio, per le belle parole che lei usa per il mio film e per la mia persona. Questo film "La vita è bella" appunto... È come se io fossi Babbo Natale che vengo a portare il regalo e lo porto con lo stesso... entusiasmo, dicendo "Gli piacerà!" È come se me lo avessero richiesto!

Intervistatore - Ridere e piangere insieme è una cosa straordinaria ...

Benigni - Quando si piange e si ride è come... come quando piove e c'è il sole. È l'immagine della poesia, della soddisfazione, di tutto. Io mi immagino la cosa più... alta: è una cosa che ride e che piange...

Intervistatore - Lei è un poeta che emoziona...

Benigni - La ringrazio, però niente è più bello di questa cosa qua...

Intervistatore - Nel film lei chi interpreta?

Benigni - Io, nel film, sono il papà di un bambino, che si chiama Giosuè. È un bambino di cinque anni; ho sposato la mia bella, di cui sono innamorato che è Nicoletta Braschi... Prima c'è una storia d'amore, poi nasce Giosuè... Arrivano i nazisti e ci portano in un campo di concentramento. Ora, quando siamo dentro, che fa un papà? Un papà vuole che il suo bambino non veda quello che succede là dentro. E gli fa credere che stanno giocando e che, se lui si comporta bene ed è bravo a fare quel gioco, a mille punti, avrà il primo premio. Io sono innamorato di questo film e vorrei fare... La vita è bella 8, 9... Non come lo squalo, ma come... una serie infinita, come una telenovela.

Intervistatore - A chi, secondo lei, farebbe veramente bene andare a vedere questo film? Se lo dovesse consigliare... a chi? Dica lei.

Benigni - Lei mi fa una domanda che... la risposta più ovvia sarebbe: "Tutti!" Ma non è così, perché... Ogni tanto ho fatto dei film solo per farmacisti o solo per gli operai, e così via... Ma questo è un film che si indirizza davvero, all'umanità intera!

TRACCE CD

1. Celi 2: 1°_c1
2. Celi 2: 1°_c2
3. Celi 2: 1°_ c3_1° testo
4. Celi 2: 1°_c3_2° testo

5. Celi 2: 2°_c1
6. Celi 2: 2°_c2
7. Celi 2: 2°_c3_1° testo
8. Celi 2: 2°_c3_2° testo

9. Celi 2: 3°_c1
10. Celi 2: 3°_c2
11. Celi 2: 3°_ c3_1° testo
12. Celi 2: 3°_c3_2° testo

13. Celi 2: 4°_c1
14. Celi 2: 4°_c2
15. Celi 2: 4°_ c3_1° testo
16. Celi 2: 4°_c3_2° testo

17. Celi 2: 5°_c1
18. Celi 2: 5°_c2
19. Celi 2: 5°_ c3_1° testo
20. Celi 2: 5°_c3_2° testo

21. Celi 2: 6°_c1
22. Celi 2: 6°_c2
23. Celi 2: 6°_ c3_1° testo
24. Celi 2: 6°_c3_2° testo

25. Celi 2: 7°_c1
26. Celi 2: 7°_c2
27. Celi 2: 7°_ c3_1° testo
28. Celi 2: 7°_c3_2° testo

29. Celi 2: 8°_c1
30. Celi 2: 8°_c2
31. Celi 2: 8°_ c3_1° testo
32. Celi 2: 8°_c3_2° testo

33. Celi 2: 9°_c1
34. Celi 2: 9°_c2
35. Celi 2: 9°_ c3_1° testo
36. Celi 2: 9°_c3_2° testo

37. Celi 2: 10°_c1
38. Celi 2: 10°_c2
39. Celi 2: 10°_ c3_1° testo
40. Celi 2: 10°_c3_2° testo

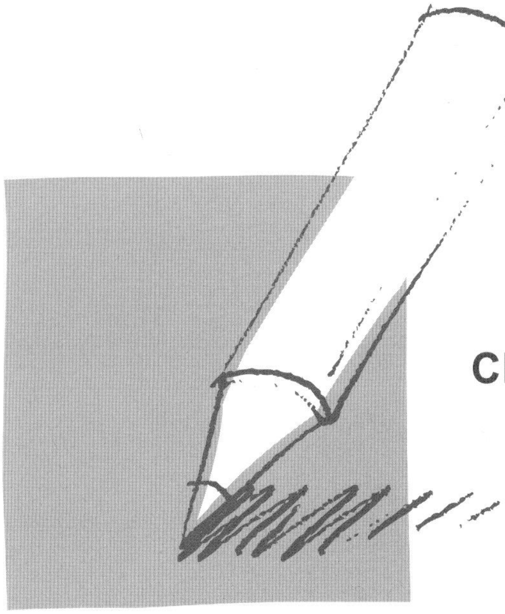

CELI 2

CERTIFICATO DI CONOSCENZA DELLA LINGUA ITALIANA

Livello B1

Chiavi

CELI 2

1° test

A.1	1. c	2. a	3. c	4. b	5. b	6. b	7. a			
A.2	Affermazioni presenti nel testo:			8	11	12	15	16		
A.3	18. c	19. b	20. c	21. c	22. b					
A.4	23. b	24. a	25. b	26. b	27. c	28. a	29. b	30. c	31. a	32. b
A.5	33. me la	34. gli	35. l’	36. ne	37. ve li					
C.1	1. b	2. c	3. b	4. a						
C.2	5. b	6. c	7. c	8. a						
C.3	1 testo	Sì:	10	12	13	15	17	19	21	
	2 testo	Sì:	25	27	29	30	32	33		

2° test

A.1	1. b	2. b	3. c	4. c	5. b	6. a	7. a			
A.2	Affermazioni presenti nel testo:			8	11	12	14	16		
A.3	18. c	19. a	20. b	21. a	22. c					
A.4	23. b	24. a	25. b	26. a	27. a	28. a	29. a	30. b	31. c	32. b
A.5	33. ne	34. noi	35. le	36. gliel’	37. me li					
C.1	1.c	2. b	3. b	4. a						
C.2	5. b	6. a	7. a	8. b						
C.3	1 testo	Sì:	11	12	14	16	17	18	20	23
	2 testo	Sì:	24	25	28	30	31	32	33	

3° test

A.1	1. b	2. c	3. a	4. c	5. b	6. c	7. a				
A.2	Affermazioni presenti nel testo:			8	9	10	13	14	15	17	
A.3	18. b	19. a	20. c	21. b	22. a						
A.4	23. a	24. a	25. b	26. b	27. b	28. a	29. b	30. a	31. c	32. b	
A.5	33. le	34. l'	35. ne	36. ringraziarlo	37. glieli						
C.1	1. c	2. c	3. a	4. a							
C.2	5. b	6. a	7. c	8. c							
C.3	1 testo	Sì:	10	12	16	18	21	23			
	2 testo	Sì:	24	26	28	30	32	33			

4° test

A.1	1. c	2. c	3. a	4. b	5. c	6. a	7. b			
A.2	Affermazioni presenti nel testo:			8	9	10	14			
A.3	18. a	19. a	20. c	21. a	22. b					
A.4	23. c	24. b	25. a	26.a	27.c	28.c	29.a	30.c	31.a	32. a
A.5	33. le	34. gli	35. ti	36. ne	37. glieli					
C.1	1. a	2. a	3. c	4. b						
C.2	5. a	6. a	7. b	8. a						
C.3	1 testo	Sì:	10	11	13	17	18	22	23	
	2 testo	Sì:	24	25	27	30	32			

5° test

A.1	1. c	2. b	3. c	4. c	5. c	6. c	7. c			
A.2	Affermazioni presenti nel testo:			9	10	11	13	17		
A.3	18. a	19. c	20. a	21. a	22. a					
A.4	23. b	24. a	25. c	26. a	27. c	28. a	29. b	30. a	31. c	32. a
A.5	33. La	34. l'	35. me ne		36. gliela		37. ne			
C.1	1. a	2. b	3.c	4.a						
C.2	5. b	6. b	7. a	8. b						
C.3	1 testo	Sì:	9	11	12	15	16	17	23	
	2 testo	Sì:	24	26	28	30	32	33		

6° test

A.1	1. c	2. a	3. c	4. b	5. a	6. b	7. b			
A.2	Affermazioni presenti nel testo:			10	12	13	17			
A.3	18. c	19. a	20. b	21. a	22. d					
A.4	23.c	24. b	25. a	26. c	27. a	28. b	29. c	30. b	31. a	32. b

A.5 33. me l' 34 .glieli 35. ve li 36. gliela 37. Me la

C.1 1. a 2. a 3. b 4. c

C.2 5. c 6. b 7. b 8. b

C.3	1 testo	Sì:	11	13	16	18	20	23
	2 testo	Sì:	26	28	30	31		

7° test

A.1	1. a	2. c	3. b	4. b	5. a	6. c	7. b			
A.2	Affermazioni presenti nel testo:			8	10	13	14	15	17	
A.3	18. b	19. c	20. d	21. a	22. b					
A.4	23.b	24. a	25. b	26. c	27. b	28. a	29. a	30. b	31. c	32. b
A.5	33. ve li	34 .gliela	35. la	36. la	37. ce l'					
C.1	1. a	2. c	3. b	4. c						
C.2	5. c	6. a	7. a	8. b						
C.3	1 testo	Sì:	11	13	15	17	19	21		
	2 testo	Sì:	24	28	29	30	31	33		

8° test

A.1	1. b	2. c	3. c	4. b	5. b	6. a	7. b			
A.2	Affermazioni presenti nel testo:			8	11	12	14			
A.3	18. d	19. d	20. c	21. b	22. c					
A.4	23.c	24. c	25. b	26. a	27. c	28. b	29. a	30. b	31. a	32. c
A.5	33. te li		34 .Mi		35. le	36. me l'		37. me li		
C.1	1. a	2. c	3. a	4. a						
C.2	5. b	6. a	7. b	8. a						
C.3	1 testo	Sì:	10	12	14	15	17	18	20	23
	2 testo	Sì:	26	28	30	33				

9° test

A.1	1. c	2. b	3. c	4. a	5. b	6. c	7. a			
A.2	Affermazioni presenti nel testo:			9	10	13	15	16		
A.3	18. c	19. d	20. b	21. d	22. a					
A.4	23.a	24. a	25. b	26. c	27. b	28. a	29. c	30. a	31. b	32. b
A.5	33. te li	34. Mi	35. ce lo	36. te lo	37. te l'					
C.1	1. a 2. c	3. c	4. a	5. c						
C.2	6. b 7. a	8. c	9. b							
C.3	1 testo	Sì:	9	11	14	16	18	20	22	
	2 testo	Sì:	26	27	28	30	31	33		

10° test

A.1	1. c	2. b	3. a	4. b	5. c	6. a	7. a			
A.2	Affermazioni presenti nel testo:			11	12	15	16	17		
A.3	18. a	19. d	20. a	21. c	22. d					
A.4	23. c	24. b	25. c	26. b	27. a	28. c	29. b	30. c	31. c	32. a
A.5	33. gliele	34 .ce ne	35. ce la	36. se n'	37. te la					
C.1	1. b	2. c	3. a	4. a						
C.2	5. b	6. a	7. c	8. a						
C.3	1 testo	Sì:	9	10	12	14	16	18	21	23
	2 testo	Sì:	24	30	31	32				